James
Poy
The Jelly
Blabla

SEPS STETIT EXIGUUS
Lucà
Vine'm a visitar, no té pèrdua: al barri de putes
Un petit pis antic mira el recer dels drogats
Bielsa
A la Mialet
Pau

Disset d,octubre, dilluns, Quatrimegist Paubielsa diu TINC FAM, ESMORZARIA ALGUNA COSETA el poble jueu el premia amb dons Pasquals

Divuit d,octubre, dimarts, Paubielsa, el Quatrimegist desitja parlar amb el seu editor i mentor d,Amèrica, el poble jueu el premia amb dons literaris

Dinou d,octubre, dimecres, el Quatrimegist Paubielsa exclama TINC SET! El poble jueu escolta aixi la seva comuna demanda

Encara dinou d,octubre, Paubielsa Trismegist pensa en el cantautor Hillier Blount, si se sent sol. El poble jueu li recorda que el seu amor no ha sortit fins ara, físicament, de la porta de casa

Vint d,octubre, dijous, el Quatrimegist demana un sepeli piadós, el poble jueu el corona amb l,INRI identitari

Encara vint d,octubre, dijous, el Quatremegist Paubielsa es recorda del seu particular *alektryona tosklepiw* i el Montala, de la Pça del Oli, li perdona el deute, els emissaris jueus li fan saber al Paubielsa Quatremegist aixi

5

Encara vint d,octubre, dijous, el Quatrimegist, Paubielsa, es recorda de Carme Roca. El poble jueu li recorda la voluntat patriarcal aixi

Vint-i-u d,octubre, divendres, el Paubielsa Quatrimegist es dirigeix a la dolorosa mare seva Esperança MIALET Llagostera i li pregunta si ha pres mal. El poble jueu li premia posant-lo al nivell de la amare terra

Els gais barcelonins dissimulen l,INRI dels jueus posant-hi els seus propis colors. La replica de Paubielsa el Quatremegist està a punt de ressuscitar, i la Vergíssima Impol.luta Maredepau Esperança MIALET Llagostera i el Quatremegist, Pau BIELSA i MIALET, donen les gràcies al pèrfid jueu que no vol, encara, venir a fer el mateix al Passeig del Estació 5, 6e 6a, de Valls 43800 TGN PPCC

ANEU A PRENDRE PEL CUL MARIETES CRISTOBORRATXOS!!!!!!!!!!

Love cannot endure indifference. It needs to be wanted. Like a lamb, it needs to be fed out of the oil of another's heart, or its flame burns low....

7

Ovidi fou, de manera quasi incomprensible, el causant de la desgràcia de Jesus.

El confinament del poeta de Sulmona a *Tomis* (de *tomus*, paper esqueixat, "trosset de paper" i per extensió, paper de merda, paper higiènic, etcètera, i en relació del llibre amb el destí de les varietats de mort existents), en realitat, un arrest domiciliari exageradament i goluda glorificat en termes de virtut per part del vat, va ser continuat per una anagnorisi repulsiva: l,*Art d,Estimar* havia posat l,Estat de Roma en mans del poeta de l,amor i tots els altres havien cedit. Albí Tibul vigilava des de la identitat del aprenent etern Properci i la impressió del gran estropici que havia fet la perversitat en la *lactea ubertas* o sigui, l,enorme riquesa exuberant i narrativa per a figurar ficcions que esdevenien veritables incrustacions en la cohesió social (la idea del amistat, p.ex.) va encoleritzar abismal ment el vat de manera que, causativament, va donar pas al castig d,un home humil, practicant de la pobresa, la senzillesa, i de la mateixa vàlua intel.lectual.

El símbol del anagnorisi entre Tibul i Ovidi fou el reconeixement del plor com a factor de bellesa en el rostre, com una aposta de despedides i retrobades.

Les causes del exili *Carmen et Error* el mateix Naso no n,havia estat informat. Sino amb ambigüitats enigmàtiques que van ser les que es va limitar a reproduir.

Aixo darrer exerceix l,efecte, de la veritable ironia tràgica, que els postulats cortesans i fantàstics formulats al llarg dels segles per molts filòlegs, passessin també pel cap, com a possibles raons de la *mitissima Caesaris ira* del poeta turmentat i introspectiu.

L,edat de Plata, amb els dos Seneca, Luca, i Petroni, Persi i Juvensl, i Marcisl, va aprofitar per dur als esquemes públics de manera secreta la propaganda que farien després els evangelis, i a nivell estatal, en una prova de veritable laboratori polític.

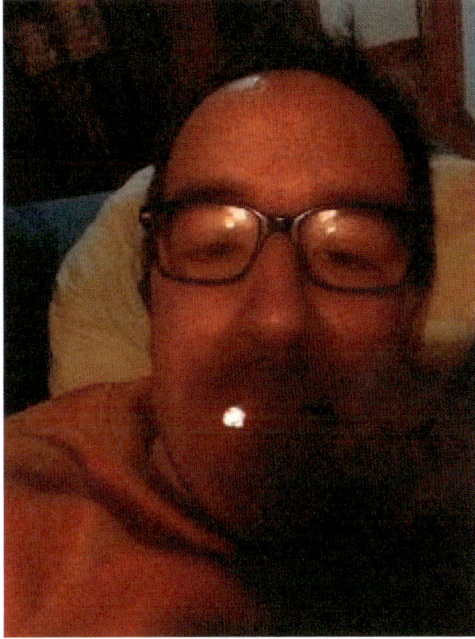

Sabia parábola acerca de la seguridad en sí mismo.

Un día un sabio maestro recibió la visita de un joven que se dirigió a él para pedirle consejo:

— Vengo, maestro, porque me siento tan poca cosa que no tengo fuerzas para hacer nada. Me dicen que no sirvo, que no hago nada bien, que soy torpe y bastante tonto. ¿Cómo puedo mejorar? ¿Qué puedo hacer para que me valoren más?

El maestro sin mirarlo, le dijo:

— Cuánto lo siento muchacho, no puedo ayudarte, debo resolver primero mi propio problema. Quizás después... y haciendo una pausa agregó: — si quisieras ayudarme tú a mí, yo podría resolver este problema con más rapidez y después tal vez te pueda ayudar.

— E... encantado, maestro— titubeó el joven, pero sintió que otra vez era desvalorizado y sus necesidades postergadas.

—Bien— asintió el maestro. Se quitó un anillo que llevaba en el dedo pequeño y al dárselo al muchacho, agregó:

— Toma el caballo que está allá afuera y cabalga hasta el mercado. Debo vender este anillo porque tengo que pagar una deuda. Es necesario que obtengas por él la mayor suma posible, pero no aceptes menos de una moneda de oro. Ve y regresa con esa moneda lo más rápido que puedas. El joven tomó el anillo y partió. Apenas llegó, empezó a ofrecer el anillo a los mercaderes, quienes lo miraban con algún interés.

Pero les bastaba el escuchar el precio del anillo; cuando el joven mencionaba la moneda de oro, algunos reían, otros le daban vuelta la cara y solo un viejito fue tan amable como para tomarse la molestia de explicarle que una moneda de oro era muy valiosa para entregarla a cambio de un anillo. Alguien le ofreció una moneda de plata y un cacharro de cobre, pero el joven tenía instrucciones de no aceptar menos de una moneda de oro y rechazó la oferta.

¡Cuánto hubiera deseado el joven tener esa moneda de oro! Podría entonces habérsela entregado él mismo al maestro para liberarlo de su preocupación y recibir entonces su consejo y ayuda. Triste, subió a su caballo y volvió a donde el maestro se encontraba:

— Maestro -dijo- lo siento, no se puede conseguir lo que me pediste. Quizás pudiera obtener dos o tres monedas de plata, pero no creo que yo pueda engañar a nadie respecto del verdadero valor del anillo.

— Qué importante lo que has dicho, joven amigo —contestó sonriente el maestro—. Debemos saber primero el verdadero valor del anillo. Vuelve a montar y vete al joyero. ¿Quién mejor que él para saberlo? Dile que quisieras vender el anillo y pregúntale cuanto te da por él. Pero no importa lo que ofrezca, no se lo vendas. Vuelve aquí con mi anillo. El joven volvió a cabalgar.

El joyero examinó el anillo a la luz del candil con su lupa, lo pesó y luego le dijo:

— Dile al maestro, muchacho, que si lo quiere vender ya, no puedo darle más que 58 monedas de oro por su anillo.

— ¡58 MONEDAS! — exclamó el joven.

— Sí, -replicó el joyero— yo sé que con tiempo podríamos obtener por él cerca de 70 monedas, pero no sé... si la venta es urgente...

El joven corrió emocionado a la casa del maestro a contarle lo sucedido.

— Siéntate —dijo el maestro después de escucharlo— Tú eres como este anillo: Una joya, valiosa y única. Y como tal, sólo puede evaluarte verdaderamente un experto. ¿Qué haces por la vida pretendiendo que cualquiera descubra tu verdadero valor?

Discrepo. Jaume Cubells compli sobretot la funció de conscienciar-me de classe (de Musa fregaterres del coneixement) i quan vaig patir el *catacrec* del 1997 em va dir que m,havia identificat amb el poeta de la Farsalia. Mentida. Cubells m,estava dient: *has estat en lluita agònica contra tot el que jo represento, i t,has donat per vençut, donat que t'has dissolt i confós. No es una qüestió d,identitat, es mes pràctic: d,ara endavant, quan disparis contra mi i la injustícia que represento per tu i la teva família, apunta a Luca.*
El segon cop que vaig estar en lluita agònica, contra el director corrupte i tot el sistema que el recolzava sense mesura, vaig vèncer. En el mateix moment que vaig fer exterior la meva alta substituïda, ja ho vaig saber. En aquest cas ni em vaig dissoldre jo, i pel que es ell, no m,importa el que fes, no m,ateny.

Fa molts anys que no toco el violoncel en públic, però crec que he de fer-ho en aquesta ocasió. Vaig a tocar una melodia del folklore català: El cant dels ocells. Els ocells, quan són al cel, van cantant: "Peace, Peace, Peace" (pau, pau, pau) i és una melodia que Bach, Beethoven i tots els grans haurien admirat i estimat. I, a més, neix de l'ànima del meu poble, Catalunya.

Benvolgut, tal com te m'has presentat completament suara, Samuel:

El nom de poesia et deu dir ben poc a hores d'ara, i quin és el servei que et pot prestar un faleceu de Maragall, el que és cert és que quan tractes en Pau de malalt i experimentes amb el seu dolor urgent, entenc que realment no comprens la magnitud real del teu acte, a les alçades del meu projecte natural.

Em comunico assíduament, i amb ajut del wifi ha esdevingut força més fàcil, i una pura qüestió d'assimilar ones de radi a codis lletrats alfanumèrics que entenen de seguida, amb totes les aus del món; el seu llenguatge és el mateix llenguatge que és el llenguatge, que no per poeta conec especialment sinó que abans reconec, i jo sé profundament què diu un colom quan espicassa la part esquerra del seu pit mentre fa passos cap on sóc. Quan forces, estimat Samuel, a la natura que et reveli secrets i no n'observes els galons naturals, natura prepara sempre posant en el focus personal del seu greuge la teva efígie i tacte sensible, un objectiu irresolt que fins ara amaga produint el sacrifici alimentici del pollastre i altres aus de corral, dementre els estornells solen poder niar a pler en convivència amb les zones urbanitzades, quasi totes, és clar.

I què veus quan mires el Corte Inglés de Tarragona? Què és això tan noblement incontestable que anomenes civilització? Jo et dic, clarament, fang i sorra; fang de llera, sorra de platja.On tens la civilització ara tan ben assentada en el teu cap que solia estar sempre? Tu has fet servir la Musa, tu has posat a patir la Poesia en ple.

Amb les aus especialment i amb altres menes de feres temps ha que planegem la revenja universal contra la humanitat, fa molt temps que els poso l'esquer amb totes les flaires sensuals i tots els trets estètics i de pura percepció als coloms i les garses de la carn humana, prometent-los la meva en una data determinada de l'any dos mil quaranta cinc, fet que astrològicament està ben assentat hores d'ara, i si no creus pregunta per l'edat de Saturn, que és la manera zodiacal d'expressar el meu projecte.

Si et preocupessis de llegir allò que no es fixa en cap llibre i se't diu i repeteix cada dia, si et preocupessis de no atacar la meva puresa d'home intocable a cap disciplina experimental, comprendries quan les aus t'estan indicant fúria total, i a tu et sembla una dutxa de primavera.

De Pau Bielsa demanes la colònia i la recepta per agradar una dona i fer pessigolles al baix ventre, i no saps, capsigrany, com des dels setze, estafant l'abraçada i lliurant el contacte físic en comptades ocasions i practicant l'amor trobadoresc he obligat la humanitat en ple a desaprendre el plaer? Creus que te n'he de donar, a tu, especialment a tu, i a sobre per mitjà de tortura, les claus?

Vas ben llest si penses que dec res a ningú, i per descomptat a tu: jo sóc la Natura En Ple,si em poses una mà al damunt tot l'entorn està entrenat per donar-te la última oportunitat d'explicar el teu acte mafiós i covard, i un sol estornell que pugui cagar-se't a la solapa desfermarà la voràgine salvatgina en la teva pell inestable. Si no associes el teu plaer al teu dolor, no al dels altres, no trobaràs mai el plaer sexual ni agradaràs a ningú, heus ací la recepta que em demanaves, he servit, i el proper cop que intentis creuar el vial i que jo hi sigui, estigues tranquil, tot era una pel·lícula.

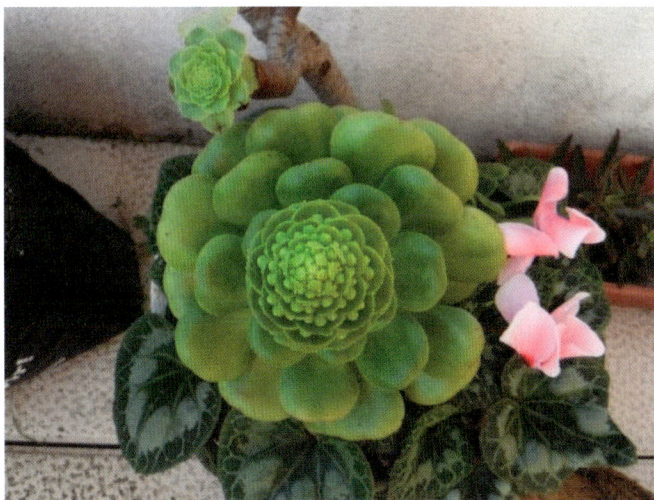

15

Amb els diners que ha costat estavellar una sonda al planeta Mart, quants milions d,escoles i hospitals no s,haurien pogut construir! I qui diu escoles i hospitals, diu també cases de relax i casitas blancas! I qui diu milions d,escoles i hospitals i cases de relax i casitas blancas, per força, sense menyspreu del menor, diu, també, quioscos amb porno de jovenets viciosos i sales d,aïllament sàdic. I qui diu escoles, hospitals, cases de relax, casitas blancas, quioscos amb porno de jovenets viciosos, sales d,aïllament sàdic, per força ha d,acceptar el Domund i els toros! No se. Tot plegar, es molt injust!

16

La veritat que subjeu, la veritat profunda, no en te res, de profunda, i es pot relatar i descriure amb els termes mes senzills que existeixen al llenguatge. Allò que la fa difícil de ser esmentada i que només ens hi puguem acostar, a voltes, amb hipnosi i ambigüitats, a voltes ni aixi, es perquè les persones estem sots amenaça i coartades sempre. Considera aquesta veritat:

Jaume Cubells Sanahuja va interferir i destruir el matrimoni de Emilio Bielsa i Esperança Mialet, els meus pares, allargant una amistat que no donava per mes, en aparença de resoldre el futur amb arguments psicològics. La Marta, companya seva després, al morir en 1.991 va impedir que Cubells poses la seva merda doctrinal en plens jocs olímpics de Barcelona, forçant-lo a un dol el 1.992 i morint de la ma matriarca i comuna de la seva germana i prenyada d,una nena, al seient de darrers del cotxe del seu cunyat en travessia pels Andes argentins, tres dones còmplices per alliberar la familia Bielsa-Mialet del monstre de cent ulls durant un parell d,anys.

Realment aquestes foren les úniques i primeres vacances de tota la nostra vida.

Jo no vaig tenir dret a estimar Marc Folch perquè el meu problema era a casa: el catacrec es va retrassar tant com va ser possible, i la Marta hi va ajudar molt, pero va tenir lloc en gener de 1.997.

A partir de juliol de 1.997 em vaig fer "aprenent" intel.lectual de Jaume Cubells Sanahuja, per tal de vèncer-lo amb els seus mateixos arguments tramposos i perversos.

Jaume Cubells Sanahuja concebia la perversitat com la seva criptonita, o sia: una força màgica major i natural, que havia de respectar si no volia molts mals.

Deu anys, i Cubells va sucumbir, als 81 anys d,edat: de seguida vaig somiar tota la seva obra tirada en contenidors on pixaven gats europeus.

Podia dir la veritat, dins els meus trenta un anys de captiveri? Podia dir aquesta veritat? Es senzilla, oi? Ja fora mort, jo, si no arribo a autosuggestionar-me per estar tostemps aletargat i fer creure en tòtems i coses màgiques. I la temible perversitat, la meva taula de salvació, sororem et fratrem meum.

Moltes persones senten molèsties psíquiques per simpatia de coses que han llegit o vist al cinema i saben que existeixen. El cas, es, imagina, Gaspar, algú com jo que durant trenta anys ha de construir-se unes veritats profundes insondables per tal de no esser, senzillament, assassinat, ell i la seva mare.

En trenta anys no m,he pogut permetre ni mitja dècima de segon de reflexió encertada, ni un minut de sentir els meus propis sentiments. Cubells era un cabro pitjor que Hitler, i posava la Musa a servir. Fill de puta! Em queda la carta de la seva germana, encara viva, la qual faig rabiar sovint, de paraula i d,obra. El meu PERSILES , al llegir-lo Cinta Cubells Sanahuja, va muntar en còlera i el va estripar, jo vaig riure, aquell Nadal del dos mil catorze, com mai!

Si mires amb la veritable mirada, aviat t'adonaràs que la gent fretura imperiosament de tot l'aliment espiritual, que arriba a identificar-se materialment amb el fungible. La gent va realment despullada pel món i camina de perdó en perdó de la vida, fet que no pot suportar i repugna a la seva més elemental sensibilitat humana.

Quan davant meu apareixen aquests subjectes amb els seus crits horrorosos i amenaces, jo dilato el temps en el miracle més acostumat que faig, però donar-los no els dono res.

La disciplina a l'escola no la discuteixo, simplement, si no s'hi dóna, jo faig vaga de zel en els continguts, en tots els continguts, i els nois i noies surten pitjor que com havien entrat, per la seva pura falta.

És més: ara que prima l'ensenyança per projectes, es dóna, realment, que el professor pot impostar que es preocupa molt per l'alumnat i en realitat engegar-lo a pastar fang, que és el que li correspon.

Les arts del coneixement són notòriament l'ingredient únic que ajuda la persona a anar passant la vida, dia rere dia: no n'he filtrat ni una, donat que des del parvulari només saben tractar-me amb amenaces.

I ara, ara em trobo que tinc tot el coneixement i que no el dono ni el prodigo de cap manera, de forma que produeixo jo sol l'apocalipsi i la fi del món.

Montserrat Ros Ribas desitja que jo publiqui l'Eneida de Virgili en hexàmetres llimpiats a partir de l'original de Balasch, i en això no té pressa, pot esperar totes les vides del món; Montserrat Ros Ribas no m'ha assistit mai en la necessitat; bo i just és que jo li estafi la pàgina per sempre, a Montserrat Ros Ribas.

Des que als disset em vaig beure tots els vins del celler, no en reservo ni els pixats, a les boques famèliques, ja s'ho trobaran!

Despullar eròticament un nom en el veïnat del orgasme compartit, es, a la summa, el coneixement complet. Amb la meva noia imaginava l,amic Xavi i no cessava d,estimular tots dos cossos amb les mans i la repetició del mantra Bitxa. El resultat fou pansexualista i arrasador, eròticament ultrapoderós i vitalment extrem.

El meu James cura la seva homosexualitat amb Sofia d,aital manera i faisó i amb el nom Pau figura trets de pistola en el veïnat compartit del orgasme.

Jo soc el Dr. Ell, l,Amor.

restaurar el matriarcat i crear la historia de la dona es pot fer d,una única manera, la qual es emular en tots els aspectes (joventut, erotisme, lesbianisme, borratxera, alegria, etcètera) el sacrifici de Deu a la creu, i no ens val un happy ending!
Aleshores si, el patró serà ella i nosaltres el client.
UASJAUSJASUAJSJSJS

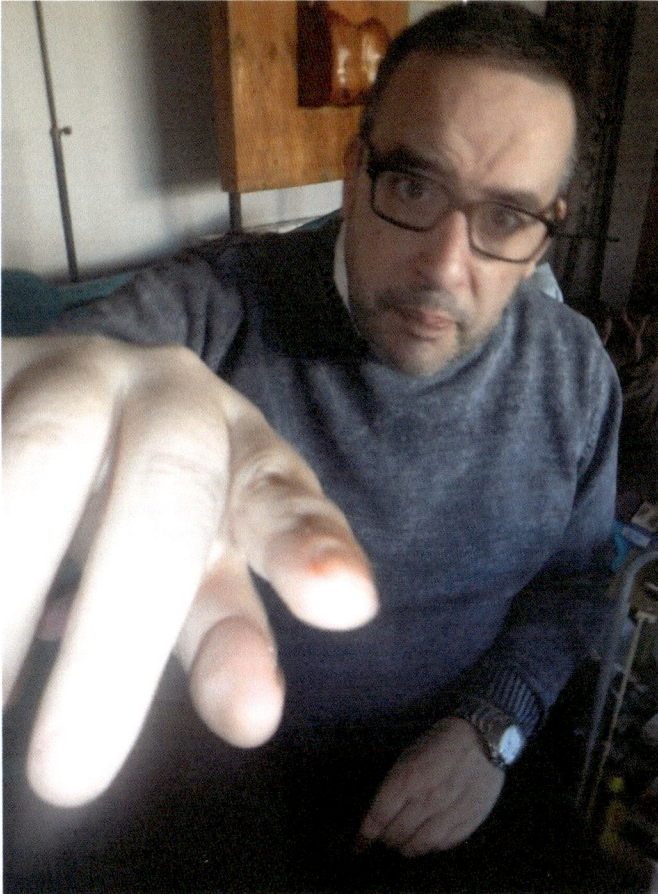

Demanes, amic, pel meu mestratge en lides i rixes i altercats diversos. Jo soc de les gavines, i les gavines m,ajuden a apropar-me a elles com a destí. Pocs anys després que mori la mare, aniré a la platja i reclamare, rialler, l,atenció d,una nena reptant-li a veure si sap el meu truc: m,ajaure tan nu com soc i donaré instruccions als ocellots que m,espicassin el fetge, només i tot el fetge, per a la qual cosa els deslliurare del pudor que els fa respectar l,home. La mare es testimoni que les gavines obeeixen la meva paraula (Blanes, 30 juliol 2.012) i en moments crítics elles, les gavines, volen els vint quilometres que estic terra endins i em troben.

L,any 1.989 erem al taller del Jaume, i hi era encara la Marta, doncs la mort a l,Argentina tingué lloc en agost de 1.991. Jo en 1.987 cap al octubre ja havia anat alla, al taller, donat el meu problema de panics que acusava ja adolescent als dotze, i es va donar, pels volts d,aquell Nadal, el del vuitanta-nou, la Marta posava un tronc a la llar per cremar i en aquell precís instant Cubells ens va fer opinar sobre dues escultures de fusta, molt sensuals, una mes desarrollada verticalment que l,altra, que era un foc momentani de passió, totes dues amb el principi masculí i femení entrellaçats. El YIN i el yan. Actualment aquestes dues escultures pertanyen a la col.leccio privada d,uns amics amb qui encara contactem de tant en tant, era precisament la que m,agradava mes, la mes verticalment desarrollada, la que li vaig reclamar al Jaume quan va decidir, en 2.004, desfer-se de la seva obra regalant la, la que, un cop ell em va dir que ja estava donada, no em va despertar gelosia de prendre mes objectes del taller del mestre, i vaig restar satisfet. Per a mi sol abans de morir Cubells va compondre el complex PERSONA que tingué la virtut de ser l,única obra d,art que en el trasllat cap al taller de Valls no fou protegida ni embolicada de cap manera. Valgui una salutació i gran reconeixement sense ambigüitats a Mudanzas Guerrero.

Jo vaig callar, preferia la que preferia, tots els invitats van assenyalar l,altra, i el Jaume va ser mogut a confessar que li plaia mes el símbol de l,Esperança Mialet, l,amor desarrollat, enfront de l,amor naixent de Marta.

Alla va ser on per doctrina secreta vaig pactar amb Marta el seu sacrifici. Inclús ella feia broma per telèfon el dia abans del accident, el qual havia somiat en termes exactes, dient te vas a quedar solo, ves, Jaime?

El sacrifici de Marta va purificar el quinquenni olímpic per a tots nosaltres, que vam viure en abundància i felicitat de sentiments i recursos.

Hi ha persones que saben del Mes Enllà i no els importa. Saben, no beure,s totes les aigües del Leteu, i mantenen el record ultra la vida.

Jo se que una de les coses que mes m,importa mantenir recordada en tots els meus avatars es la pàtria barcelonina. Gent com Jaume Cubells Sanahuja beuen tota l,aigua de l,oblit, i van pel món, vida rere vida, esclavitzant tothom qui

23

poden perquè els informi, i en la seva ansietat s'enfonsen i perden tota la pàtria. Per a gent com Jaume Cubells Sanahuja la mort existeix de debò. Per als altres, no.

En aquells anys que jo portava Lucà i la seva Farsàlia a tot arreu, la gent del meu entorn realment flipava d'aquell tresor que jo havia descobert, i la seva insinuada, quan no anunciada, sempre, per mi, insondable profunditat de significació. Jo mateix era completament orb a les caramboles que realment estava fent, per exemple: assumit que Juvenal, discretament, continua el poeta cordubès i de fet és ell mateix escapat a la mort i havent representat en si la mort de Jesús, i afegint-hi la mare, davant el poble de Roma, per força mossèn Balasch i jo érem Un en el gust literari, sense ni arribar-ho a somniar.

Això és la raó psíquica perquè les meves idees el mossèn les regalés a altres, donat que ell no les faria de cap manera, i ell i jo no estàvem distingits, més que per una versió més luxosa i una altra més discreta, del mateix arquetip. Repeteixo que les caramboles eren meravelloses, insòlites i espectaculars.

L'autor de capçalera de Balasch era Juvenal des de jove.

Un dia, la Mariona Marlet, mentre li parlava en termes freudians, es va cansar de la miríada de màscares que havia col·locat en els meus conceptes, i darrere de les quals no m'oblidava mai dels vius, i va exclamar, FREUD ES VA QUEDAR CURT: NO NOMÉS CAL MATAR EL PARE, NO, CAL MATAR EL PARE, LA MARE, ELS GERMANS I LA VEINA DELS GERANIS GROCS!

Vam riure.

Quan vaig trucar a la porta del Jaume perquè m'ajudés, ell, aprofitant el catacrec coincidit amb lectures místiques sobre el poeta Lucà, es va inventar que era ell el qui m'havia obert la porta, merament suggerint-ho, i deixant tota la possibilitat que identifiqués el factor viu rere la màscara que era ell, Jaume Cubells. A partir d'això va aprendre la màxima: em vols matar? Dispara al del costat!

Va arribar tan lluny, aquesta màxima, entre nosaltres, que, cada cop que un dels dos rebia una notícia hostil l'altre enviava el missatger a l'altre dels dos, que se'n seguia desfent de la mateixa manera.

24

Cubells em va persuadir que era molt millor per a mi, i per a ell per descomptat, que m'allunyés del projecte amorós Marc Folch, i naturalment la raó subjacent era que el dejuni del primer amor veritable és opció de poder unipersonal, i naturalment les raons són sempre poderoses: l'amor juvenil s'evapora amb molta facilitat, i cau en decepció caducifòlicament de manera repetida: si deses el primer amor com una impotència, aleshores aquest primer amor nodrirà molt millor el futur.

AmbJaume aleshores va aparèixer el concepte de casa metafòrica. Naturalment, l'explicació era complexa, incomprensible, i inútil. Un dels estratagemes de Cubells era donar tot el missatge amb la primera paraula i després continuar amb una ficció abstracta altament relaxant i plaent, platxeriosa.

El que s'entén a la primera, és que una casa que és tot l'amor, amb molta facilitat es derrueix, i doncs i per tant, l'amor, si era la meva màxima fita, mai per mai ni protoípicamentno es podia ni assemblar de lluny a una casa.

Naturalment Cubells i jo fèiem les coses degudament hipnotitzats darrera del títol del llibre que ens estàvem resumint a cada moment. O sigui, desàvem tota l'experiència apartada de la consciència intel·ligent del codi verbal i gestual.

ESCRIVINT DES DE L'INFINIT

Ideant-me les com he pogut,
he aconseguit caçar els mots
que reflectissin el que et vull
dir, per que des de la Lluna
estant, tenen tendència a
marxar surant.

Surant cap al firmament, on elles
diuen que tu ets present, al final
ho he pogut plasmar sobre paper,
no m'ha estat senzill, doncs cada
lletra que pintava, per la falta de
gravetat em fugia.

Ha estat quan els hi ha arribat el
torn, a les que jo amb més desig,
volia mostrat i, que han retingut
sobre paper a tots els que des de
l'infinit t'he escrit, aquí te'ls deixo
si els vols saber: "amor meu, t'estimo".

XAVI 24/10/2016

1. L,extrem de plaer es ser infidel tot el dia i narrarho de nit. Cal posar vigilant el pilot erotic.

2. Fins als 39 (edat de Gersgwin) dieta mediterránea sense estalvi de qualitat. A partir dels 40, orientativament, McDonald's almorzar, Miguel Martí, dinar, sopar, i al costat del loto ambiental cocacoles fantes sveps sprits kas i macflurry a la tauleta de nit, i

3. Tindras consicencia galactica quan agafis seguretat en esmebtar detalls cronologics i al tres particulars simplement tirante a la piscina i comprovant que tot era exacto. Experiencia universitaria de Cinta Cubells San hija a la 23 @ns. Siteumeeeeeeeeee

Montserrat Mialet, La Mialet, entre nosaltres, de 1989 a 2004, va veure en una ocasió Xamorenca que jo patia moviments peristaltics nerviosos abans d,acudir al generós i opipar tast de cal Bou en ocasió del certamen poètic del calçot al qual jo havia presentat Eros I El Calçot, epil.li neoteric en dactils i espondeus, ben amanit amb unes breus prosetes retallades que deso sempre en el cor

Els calçotets del Bou

A novembre

Amb prou feines diries que poden

Tapar un ou de vedell, pero...

BIELSA, 1.998

I preveia l,èxit massiu d,ara, tot embolicant amb les seves mans d,or i somriure benfaent de galatea fugissera que em reservava sempre a mi sol, podria apostar-li una epifania que jo era el distingit en aquest gest, dos talls fins de codonyat que amb el seu Consell Matriarcal feien un efecte mes total que el Fortasec.

Com a pur trofeu d,afecte, me,ls vaig desar a l,ermilla de llana, obra de la tia MEI, en una butxaqueta discreta que tocava secretament sota la taula a cada moment d,examen social.

La Mialet va saber el meu acte de megail.lus de falòrnies, dolces falòrnies, i el va investigar, al cap d,un mes, quan vaig tornar de Barcelona a Valls, davant la tieta va dir:

PAU, JA ET VA ANAR BE ALLÒ QUE ET VAIG DONAR?

Jo:

OI TANT, MIRA, ENCARA HO PORTO!

I em vaig tornar a posar els dos talls de codonyat en paper de plata a la butxaqueta de l,ermilla.

La Tia MEI va patir un atac d,histèria al acte.

El dia que va morir Montserrat Mialet, La Mialet, encara hi havia pomes corcades entre sanes a la fruitera del seu xalet de la Xamora, ningu no sabia per que parlava sempre de confitura i no en feia mai fins que feia la vista grossa al fet que Pere les acabes llençant, aixo si, passada la temporada alta del Roset.

Bell Iván Amigable,
Al morir món pare jo desitjava fer-li un homenatge literari enorme i complir meditadament i al meu pas amb tots els deures. Davant el taüt i el recital de una COACHES vaig sentir una buidor, i mirar el taüt, sentia lleugeresa de veure les frívoles canyes, quatre, que sostenien un lacat de luxe. Saps que no solsament no tinc punyetera idea de si van fotre el BIELSA en un tretrsbric o que? Al moment de penetrar el nínxols impossible de recordar, portaven el fardell tres nois somrients i d,esquena dreta, delicadament, i al encaixar amb el forat el buit va ressonar de nou dins meu: hi havia realment algú alla, i dins, que? El cementiri sencer fa pudor? Jo no l,he sentida mai. Se positivament el començament acordat del invent de teixits humans robòtica nano gràfics.
I el mort encerat com una Clementina i pal.lid com un oliu silvestre?csemblavs millor un homeless arregladet que no el pare, i ni la barba no tenia el seu estil, la meva si, que duia, aleshores, i la COACHES em va negar la pau. Esgarrifa da de la visió. Amagava res?
El papi està com sempre, AL PORTALON TOMANDOLE CAÑAS NOGUEROL, i el Xavi jo no l,he vist, doncs no vaig acudir al sepeli.

Quan Lambert es va guanyar la complicitat del grup, el primer dia de llatí, especialista, amb la frase
De fet el llibre de llatí jo el vaig cremar hahaı Per Sant Joan
HAHAHAHAHAHAUAHAHAHAHAAHAHAHAHAUAUSSUSJ AHSAHSH
JO, EL JOVE LLETRAFERIT ENIGMÀTIC, em vaig aixecar d,una revolada directe a oficines de deganat sense explicacions i vaig canviar el grup per Pepa.
Ferreres va ser fulminat piso facto als amants del cul demons Bassols de quin vent.
Jo vaig esdevenir el graciós favorit casual de mademoiselle Fertanimus.
Resoldre aquest galimaties i tota la universitat ho prometo avui a un any vista, aviat al registre de façebook COMPRAVIELSA
PREGO CONSELLS DE ESTIL PER NO LEBANTAR LAS POLLAS

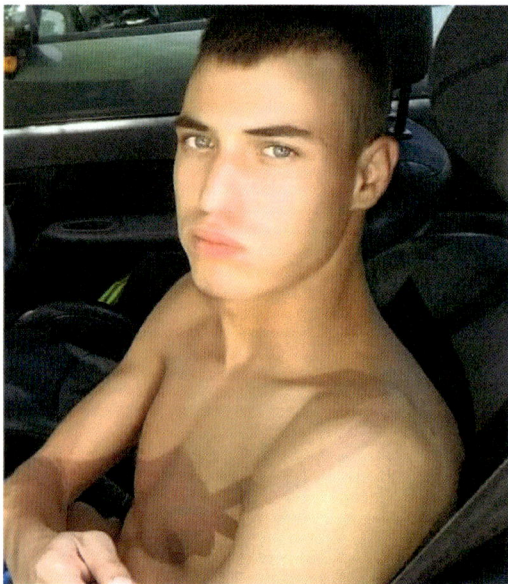

La virtut extremament plaent del tabac, i luxosissima, es l,efecte d,autohipnosi suggestiva sense límit ni fons que afavoreix la vida onírica.

La vida onírica es precisament aquella que s,absol de tot desastre per ignorant.

L,herba en si es innòcua. El cost de recursos públics per sostenir un sol fumador duplica l,herència de Florenci Pujol.

Insisteixo que la Universitat em va deixar clar que el dia que em privessin de tarima jo em jubilava. La representació esdevingué extrema, doncs vam humillar tots cruelment una professora primerenca al punt de fer-la re inspirar una cigarreta que havia acabat de trepitjar ella mateixa, tot, dins l,àrea de la tarima mateixa del aula 63 de Lletres de l,alma mater Autònoma Universitas Barcinonensis.

Al febrer del 2007 en un atac espontani d,apnea del son, vaig empènyer la meva taula de rang que pesava 35K i al despertar la vaig recuperar de la precipitació directa endavant, i jo Somreia.

Al març Salvador Va guanyar,se el cinc, jo vaig matar el monstre per celebrar-ho i vaig complir els seus desigs de veure,m dins Auschwitz-Birkenau.

Estimades Marta i Arantza:
Un cop us vaig fer avinent el meu desig de comunicar-me amb vosaltres vau fer de tot menys satisfer lo. Atribuir el vostre acte, especialment, a un instint cruel, equivaldria a donar-vos de consistència quasi mítica, i em sembla que no es el cas. Parlar d,enveja conduiria al mateix atzucac, i llavors hauríeu de triar el cicle Troia o el teba. Em sembla que no foreu capaces de sostenir el joc ni cinc minuts de rellotge.

El que em dieu descuidant-me, en el cas que es dona, esdeve, inclús, molt i força mes interessant que si haguéssiu despenjat el telèfon: la vostra vida es un infern sense fi que no vol ser agullonat amb falagueries sensibles, Cupido ha mort en vosaltres i el llum de vida amb prou feines ja no l,arribeu a transmetre.

Jo porto una vida d,èxits literaris i musicals que en mans de llatinistes tendeixen a ser dissimulats. Dels misteris històrics que he resolt ja la Viquipèdia no esmenta altra cosa que el meu punt de vista, en totes les disciplines, com a dominant.

Enlloc de gaubar-vos amb la meva alegria l,enterreu i esdeveniu contracultura. Germen del monstre mes illetrat i analfabet de tots els temps, l,estafa sensible del derrotat en un marc de superpoblació.

Naturalment, els meus eixarms sanadors us ajudaran sempre, fins i tot quan no sabeu, com ara esser fidels als deures de l,amistat. Sempre em recordo dels habitants d,aquest abisme multitudinari on no se us deixa ni clavar un crit a les criatures sense perill de ser arrestades.

Reso cada dia per aquest Vallès ple de fel i per la desaparició de les vostres traves. Entendreu que la molèstia que us aporto es mínima, i si heu de jutjar el to, sereu benèvoles, es tot, vostre,
Pau

Estimat Francesc:
En aquells temps que aprenia els punteigs del teu mestratge, apareixia sovint davant meu la figura del músic retrobat als quaranta, que tornava pels camins de Terpsicore després d,haver estat buscant el pa.

Jo em segueixo estalviant la ma al trast, just perquè trobo molt mes interessant aquest abisme que sojorno sempre per a mi i per a tots, el meu bell abisme de tots els potsers.

Si el Pau hagués cantat, potser...

El meu art es mes silenciós, en l,aspecte que li dono de reflexió filosòfica mística ara mateix, i mes sorollós, quan desenterro les serps de un reguitzell d,hexametres que em poden inflar els ous davant la injustícia, per exemple, d,un dol per un amic.

Viure el meu abisme, amb el bon Consell referencial del Paradís Perdut de Milton, es el que faig, i sempre arrisca a aparèixer una estada, injusta, al psiquiàtric, concretament a la unitat d,aguts universitària, de Reus, coneguda com a CPU. En la darrera, del tretze d,abril al setze de maig d,enguany, vaig aprofitar per informar el cos de psiquiatres i psicòlegs de les tortures mínimes que , inexistents a la realitat, la humanitat ha pogut dissenyar de manera que aquell qui plau entretenir-se en plusvàlues com ara fer carotes mentre et prens un te i així provocar te la sensació dels ofecs transoceànics, cosa que a mi, perdona'm; M,ha tocat viure cada dia mentre estava circulant en actiu, i pensa, que ho estic pagant amb una autoimposada, sense sensacions, àgorafòbia total dels espais mitjans i llunyans,

Be, per ara, estic en aixo. Estigues bo, per Nadal et saludare, si no també abans, teu,

Pau Bielsa.

generapoesia els inconscients bells i bonics es delaten amb cadascun dels seus automatismes allà on ensumen llibertat

La revolución de las sonrisas ya no sonríe más

Llegan las primeras víctimas mortales. Llegan los primeros asesinatos del catalonazi. En los plácidos atardeceres otoñales al caer las primeras hojas de los plátanos también caen las primeras vidas españolas : niños, simplemente niños . Doña Pilar Rahola estará contentísima de que sólo sufre su parte más joven : los del frente siempre son niños , los puso Hitler y los pone Puigdemont : la cobardía nazi se escuda en esta especie de tanques carnales de carne tierna: mis soldados del Morell estar indemnes: han soportado el embate. A por ellos iba Puigdemont , a por ellos iba Rahola. Como siempre, Bielsa les advirtió a tiempo de que se les iba caer una tormenta encima de sus cabezas . No me lo agradezcas querida Tesela : moriré por todos vosotros y por cada uno se hace falta : de los niños El Morell no va ver ninguno la muerte antes de tiempo , pongo toda mi carne en el asador en esto y por supuesto, a 7 millones de detritus catalufos, antes que a los obreros el polígono norte de Repsol cuya función única entre los demás es, simplemente, la felicidad . Soy vuestro soldado raso niños: y vuestro general ya lo fui . Besazos y abrazos . Nos vemos pronto . Publicat fa 4 minutes ago per Pau Bielsa Mialet

Llegan las primeras víctimas mortales. Llegan los primeros asesinatos del catalonazi. En los plácidos atardeceres otoñales al caer las primeras hojas de los plátanos también caen las primeras vidas españolas : niños, simplemente niños . Doña Pilar Rahola estará contentísima de que sólo sufre su parte más joven : los del frente siempre son niños , los puso Hitler y los pone Puigdemont : la cobardía nazi se escuda en esta especie de tanques carnales de carne tierna: mis soldados del Morell estar indemnes: han soportado el embate. A por ellos iba Puigdemont , a por ellos iba Rahola. Como siempre, Bielsa les advirtió a tiempo de que se les iba caer una tormenta encima de sus cabezas . No me lo agradezcas querida Tesela : moriré por todos vosotros y por cada uno se hace falta : de los niños El Morell no va ver ninguno la muerte antes de tiempo , pongo toda mi carne en el asador en esto y por supuesto, a 7 millones de detritus catalufos, antes que a los obreros el polígono norte de Repsol cuya función única entre los demás es, simplemente, la felicidad . Soy vuestro soldado raso niños: y vuestro general ya lo fui . Besazos y abrazos . Nos vemos pronto .

La deshonestedat de la gent trivial arriba a llargar moltes teories sobre els mals de deglutir amb prestesa l,aliment del plat. En general, hi ha gent a qui agrada xerrar tota l,estona, i fer tertúlia mentre mengen. Els qui anem per feina som en general mal vistos, i se,ns titlla de dements i malalts mentals, tot plegat perquè, com el mascle dominant, considerem l,aliment un deure per acomplir vigilant, i ells consideren que viuen per menjar, enlloc de menjar per viure.

generapoesia **els inconscients bells i bonics es delaten amb cadascun dels seus automatismes allà on ensumen llibertat**

Khé?

Llegir Llibres

Llegir llibres des de la infància, i força i molts, possibilita i condiciona sine qua non, el canvi en l,edat adulta.

El canvi en l,edat adulta es l,únic mecanisme que te l,home per mantenir els seus principis intactes, i fer de la seva vida una obra amb sentit complet, un llibre, vaja.

Cada llibre, i molt especialment aquells que estan ben escrits i pertanyen al intent universal, i tenen estructura d,idees obertes, i dramàticament ben desarrollades, funciona, com un quarter general, una identitat que es un refugi, una casa metafòrica on la persona es pot aixoplugar sempre en l,estat hostil de les coses.

La importància d,aixo cobra la seva màxima rellevància en l,executiu, i diré una anècdota dels temps que posàvem la casa de Valldoreix en venda.

L,executiu de la immobiliària em va trucar i vam tenir una conversa fal.lica de primer ordre, al final de la qual em va oferir feina de director de sucursal. Jo ja era numerari, i vaig declinar.

NAVEGANDO OLORES. SOÑANDO HUMO.

"El foc al cor crea fum al cap"

Déjame que te susurre frescas flores al oído...
Que sus pétalos te acolchen en la voz
ebria de calmas y tormentas
que con tu cabello cubres.
O déjame ir, que tu silencio me acompañe
y se desborde en amplios prados,
o en cansados arrabales
del color y la textura de las nubes.

Que la herrumbre de los años no deslustre
lo imposible.
Que se olvide la razón de aquel compás desesperante.
Que el enjambre entretejido en el zumbido
que desprenden las sonrisas,
se perfile en el calor de los recuerdos
más tangibles...

...Y que vuele el corazón... que se derrame.

Déjame que te tatúe otros paisajes en los ojos.
Mientras mojo en mil olores los detalles
de inventados eslabones que por tu garganta suben.
O déjame ir, que los fragmentos de destellos
jamás se junten en ninguna nueva imagen...
Y que en mi humo sólo encajen, la pasión,
con la constante tentación de lo que quise
y nunca tuve.

Que el volar de melodías no maquille
las canciones.
Que el fluir de suaves notas no ensordezca más instantes.
Que un presente impresentable, insinuador como un
escote,
no te impida despejar cuentos futuros
de cambiantes y románticos finales.

... Y que vuele el corazón... que se desboque.

Déjame que te hipnotice con palabras reflejadas en
espejos.
Mudos versos donde cubre su pudor
la luz de luna
con las sábanas mojadas por la escarcha.
O déjame ir, rompe el confín, rasga mi cielo.
Prívame del haz fugaz con el que cubres
las estrellas que naufragan y te llaman
tras tu marcha.

Que un camino sin carícias no nos deje
ver el bosque...
Que sus árboles esbocen el perfume
que te inventas,
bajo párpados que sueñan una vida en carne viva,
donde mi alma te perciba siempre cerca.

Y que la música no pare
mientras bailamos en sueños,
que ningún reloj de arena
nos separe con el paso de sus noches.
Déjame que te obsesione con historias increíbles...
o déjame ir así... como hoy
... feliz, pequeño...

... Y que vuele cuando duele el corazón,
que hasta del aire se enamore.

Xavi J. 11/12/12.   **Revisited** 28/10/16

Cataluña se da cuenta un siglo, **OTRO** siglo tarde, que el Estado no invierte ni medio duro sevillano en sus carreteras y comunicaciones, derecho y educacion. España dio por sentado hace ya **MUCHO** tiempo que no hay problema. El congreso ha representado a la España Rota, y se ha arrostrado divisas y un lugar en el dow jones. Seamos serios, con Cotarelo: el resultado de **LAS** Generales fue otra **MAYORIA** absoluta de Rajoy. Ilusos aparte, esta vez no han sido de menester **LAS** bombas sobre **HARCELONA**, pero veran **CUANDO LOS** trenes empiecen a descarrilar. Y otra Vez vuelta a empezar: **HACER LAS** Americas, volver rico, y financiar la linea Barcelona-Mataró. Un pueblo que no tiene mas historia que el orgullo de desearla cae **COMO** un **CHINO** en la misma trampa tramada desde que existiera la **PEPA, LO MENOS.**

Tothom, totdon sabra minyo
Dirte quelcom i guiarte
Pel boiros I calid sender bosca
Del imprescindible nomes
Ferte un plan miral escrit
Al tarro de nossilla i ja hi ets
I ja hi ets en el clar sender
Del imprescindible dementre
Ja t'insinues tal com ets
Meravella de joventut
I al cap, I a la fi
El primer ja ni recordes
I per ella ja t'has fet
Imprescindible.
Paubielsa 2016

generapoesia **els inconscients bells i bonics es delaten amb cadascun dels seus automatismes allà on ensumen llibertat**

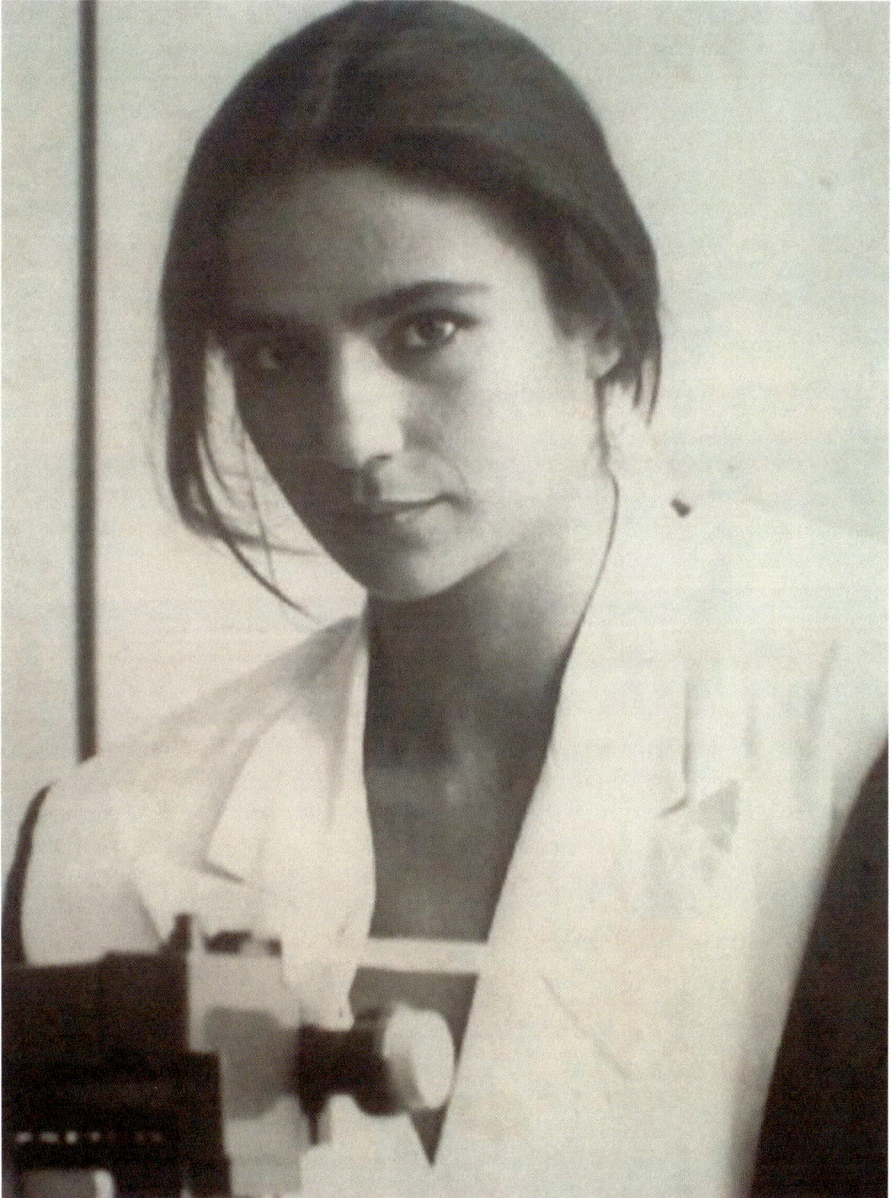

Les Programacions

Al institut de Ses Estaciojs vaig opositar el 2004 amb unes programacions inspirades en el currículum catala i no el balear, que, de tota manera, eren pèssimes. Per a mi els hiverns a l‚illa serien un sacrifici, i, a canvi, degudament i en codi, exigia portar tot el protocol s la meva manera, com si em feia una agenda mental que es la que usava la mare excepte, només, per registrar treballs i exàmens, mai l‚assistència ni els caramelosos positius que no serveixen per res. La resta del examen era MH. Fui suspès justament, ni me'n queixo, havia comunicat una condició i se m'havia denegat.

Al Comte Rius estàvem inscrits a la norma de qualitat ISO 9000/2001 que obligava, de gust, constants registres complicadíssimes de miriades de detalls que les auditories regulars solien demanar. Val a dir que jo no tenia aleshores ni llunyanament la formació prèvia de comptable que freturava, tot i que en encetar el curs de carrera vaig complir, amb dos mesos de retard, al peu de la lletra totes les meves programacions, les quals temporitzaven el temps lectiu real previst en termes exactes de fluctuacions del dos per cent.

Em van criticar, ja alla, que copies els trams explicatius del word que em facilitava el mètode, i allí va néixer la idea que una programació havia de ser un original per poder presentar al Pulitzer, idea summament injusta.

Mes tard, era impossible quadrar les hores del curs en un institut de pobres i gitanos que el mínim cas de distracció el feien festa, de manera que el primer dia de curs el delegat de cada classe, prèvia reunió amb els sindicats d‚estudiantes dictava a les agendes els dies de vaga durant tot el curs.

La selecció de text de la matriu, feta a corre cuita i amb poc domini de la maquetació Pagemaker quark xpress no desdeia del resultat que era correcte i totalment bo. El director i els subalterns i l‚inspecció quan no tenia enlloc on criticar em posaven davant el dossier de programació passant fulla i em reptaven a trobar un tema o un subtema, cosa wie acojseguia en menys d‚uns dècima de segon donat que el manual el manejava jo.

Amb mirada incredula, l,inspector en cap Carles Jardí ni tan sols es molestava a acotar el cap per llegir el que li indicava el meu índex en el meu text com a resposta.

Solien acabar les reunions amb paraulotes piscoactives, res mes.

A la meva baixa, el subaltern es va riure cruelment del meu estil a les programacions, i va pavonejarse de mes càtedra que la meva. Es deia Daniel Álvarez Gómez, i va aprofitar la meva depressió per nomenar-me per escrit POBRE PALLASSO, EN QUEIXARME A INSPECCIÓ AWUEST CARLES JARDÍ EM VA VOCIFERAR CRITS AMENAÇANT EN FER VENIR L,AESPECIALISTA I PERE POY EM VA ALLIÇONAR SOBRE EL DOBLE TALL DELS MEUS ARGUMENTS. GRÀCIES PAPA DE ANYS MES JOVE QUE JO, DIRECTOR EN COMISSIÓ DE SERVEIS I ANY DE PRACTIQUES DE LA PLAÇA DE CATALA DESPRÉS DEL GRAU EN QUÍMICA, SENYOR DEL TERCER SEXE bah merda pura.

Estimat James:
Valores que valoro de tu el realment poc, i sentimental, que em dones de tu mateix, esperit descendent. Albiro que tots aquells qui ens quedem a la teva vora ho fem convençuts de la teva poca mollera per afrontar els deures dels teus futurs avatars, i la llàstima a que crides tot allò que te a veure amb la teva persona.

Jo m,ofereixo a la teva experiència com una gata feta perquè la torturis a cor que vols, cor que desitges, bo i sabent que en el meu paper de victima constantment humiliat estic assuaujant el futur que tu sol crides només per al teu dissortat esperit, llavors, quan, buit de bens i riqueses hauràs envellit en la deixadesa de les coses humanes en globalitat i jo segurament ja no hi seré per testimoniar-te.

T,he dit cent cops que el pitjor que et pots plantejar es abandonar la carrera musical, que el meu clam perquè et jubilessis era pel teu abús als escenaris, allargant una tournee que no donava per mes, i un disc feixuc de vint-i-un falsets horrissons.

Deixo sempre que em talles les ales en projectes que sempre invento riallers i tu modifiques en l'absolut no esperar de tenebres imposades. Jo estic a poc temps de quedar-me cec, donada la meva malaltia reumatica, i tu segueixes escudrinyant respostes que inventà la teva fecunda imaginació a traves de la tortura secreta del frec del meu nervi òptic.

I no entens la rialla que oculta la meva aparent dissort en la teva caiguda segura. Estigues bo, teu,
Pauperemanuelbielsamialetrullrabadasansarmengolorwell hillier.

Enyorant cada punt de la teva pell
em perd dins l'ombra del capvespre,
que ara sense tu no troba claror,
ni humitat de poesia,
ni cuca-vel•les en els mots,
ni compàs de càlida melodia.
Tan oasi, el teu cos per la meva vida,
que em faig festa en el record
i plany la seva absència
apurant el gest purificador
amb pluja de líquida llavor;
més no és cel sublim,
sinó el teu bassal fecund
de somnis vius, sentit en viu.
De Caparrut's March

Tots acabem per ser mal interpretats , al final les coses ja no són res.
Hi ha unes balances que pesen més que no pas la bona intenció o la mala intenció; són les balances del descrèdit humà. I és així que alço la ma contra la meva època i em disposo al meu últim combat,
obviant la lluita de tota una vida en resistència, contra falsedats i impostures, i contra l'enveja que no sap dir sí a l'altre.

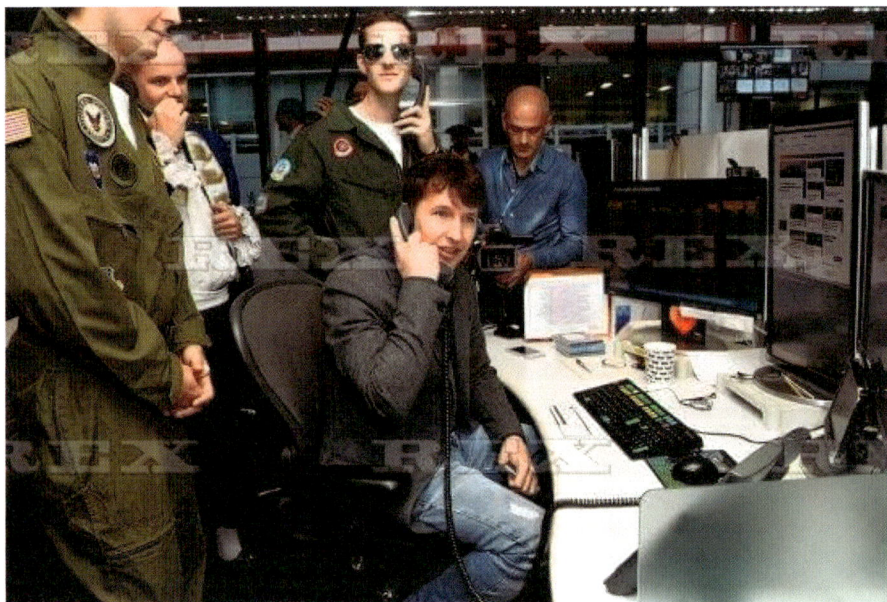

50

Estic assegut al tren, costat finestra, faig, o no, una becaina. A plaça Catalunya brilla el sol com mai, la cara de Roger Hodgson em desperta Riallera, i miro amunt el plasma, orientat a la FNAC, i diu que el divuit de setembre vindrà supertramp, i potser tornen junts. Al menjador de casa vallenca estic contractant les entrades al concert aparegut per recerca booleana a Google. Entro. Obro la bústia: m,han arribat les entrades de supertramp.

Del 8 de juny al 8 de juliol del 2.010 aixo es tot el que vaig posar a la consciencia. Res sino aixo. Era el cel a la terra, l,anunciada, per Cubells, vida automàtica, l,Edat d,Or de la meva sencera humanitat.
Al hora d,aterrar vaig patir aixo si, i el 25 de juliol vaig ingressar a Pere Mata disgnosticat d,angoixa. El judici dels psiquiatres va ser tant desconcertantment bàsic de nivell que Casals no va estar contenta fins que va vere escrita ça paraula psicosi, que el Dr. Jesús Rodríguez va entendre que era imperatiu legal escriure i signar. Jesús em volia mes temps, pero l,onze de setembre em va deixar anar, i una setmana després erem al palau Sant Jordi amb el Llus, i van començar amb la mateixa cançó que el Live '88! Vaig comentar.
Supertramp gravava el concert amb pen drives que vaig adquirir al final: un pel Llorenç i un altre per mi; la meitat del concert ja hi era, i l,altra meitat me la baixava del ordinador a partir del dia següent.

Estimat Leo, si ni els germans no recorden una punyeta compartida, trista o alegre, i la mare treballava fins entrada la nit i tornava de Sabadell amb l,últim tren, que el xofer de Valldoreix obligava a caminar mitja hora mes, pel bosc, abans de fer el sopar, donat que al ultima carrera podia ser puntual per primer cop en tot el dia, cada dia dels seus dies, i no apostar dos minuts de cortesia als darrers passatgers de FGC, et pregunto on has deixat enterrades les tardes de mantra relaxant després del escola a TV 2 d,aquells vuitanta. Si tu ja no hi ets, aixo ja no existeix de cap manera.

A mitjan noranta el discurs del colesterol va preocupar seriosament la Mialet, Montserrat, de manera que l'onclo Benaiges va anar, obligat¡ A la dietista. Ho havia de vigilar tot i només podia menjar amanidetes estil efeminat i urbanita, cosa que la Mialet, cuinera domestica, ni idea.

L'onclo va convèncer tothom, llavors, que el metge li havia dit que el focus del seu excés obès era el formatge, i en va començar a menjar totes hores.

La tieta es va preocupar molt, i després de mes visites al metge l'onclo va aparèixer amb uns manxecs de saturació de greixos al dos cents que ell mateix feia etiquetar amb un zero ben gros en vermell sobre verd. Se'n fotia talls a balquena i menjava de tot.

Passats uns mesos, l'onclo, al sortir del lavabo va exclamar FUNCIONA¡ JA EM TORNO A VEURE LA TITOLA¡

Els dinars de la Mialet, no son subjectes a dubte, sino boníssims, i els qui sabem de les tres, de les tres hem mamat, Assumpció, Montserrat i Esperança, som feliços i vivim per menjar.

Ole¡

Estimada amor del intel.lecte, Bernat Dedeu:
Pots comptar que les imprecacions que he dirigit contra tu de tant en tant, tal i com, de fet, totes les que faig, em retrunyen a la consciencia com una culpa enorme, pero tu, estimat meu, encara no saps be de les qualitats del qui soc.
En haver estat exposats al espionatge internacional, l,any noranta-cinc, i passades les festes olímpiques, jo li vaig fer una pregunta a la mare sobre la sensibilitat intel.ligent i els nervis. El Valentí, que era el Perapoi que tenia la mare al Pau Vila per al seu divertiment, i si cal, xerrarem llarg i estes, del Valentí, va muntar una exposició conceptualista a Sabadell, i la mare va posar al agenda acudir a la seva inauguració.
Va ser el tema de dos anys amb les amistats vaig baixar del tren, i a mida que caminava i m,hi anava acostant, em va agafar un mal de ventre, que, als cent metres d,arribar, vaig girar cua i per aixo he tornat abans! Vam riure de valent, mare i jo.
I molt de temps vam estar tots dos inflant amb orgull la serp curiosa de Veus? El cos es intel.ligent! El cos pensa, el cos sap! Naturalment, el que estava fent era postular que les neurones cerebrals es poden llegir com a terminacions nervioses, i que amb la llur activitat el cervell fa moviments peristaltics que cal detectar en la circulació ondulada de la sang, ras i curt: llegir el pensament a distancia amb mitjans tecnològics.
Nicaragua no s,ho va creure, i vaig passar a ser jo la cobaia, amb l,encoratjament matern. Passat el catacrec, el Dr. Alberni em va posar en un SPECT, maquina que llegís durant dues hores de radiografies constants, tota la meva circulació cerebral. Em van lligar perquè no em mogués, i el monitor, dissenyat anatòmicament en acer inoxidable per a la forma exacta i dimensions del meu caparró postadolescent i enigmàtic, es movia àgil en voltes de riscos lunars al entorn de la templa. Per la intravenosa em van posar mig litre de contrast, un líquid de fòsfor que llegís la pituitaria bo i tenyint-la.
Entens, estimat Pa, que et dic quan asseguro haver vençut dotzenes de càncers? Veritat!

Durant tota l,estona vaig tenir pensaments de pànic i por, que van ser identificats i portats a col.lacio amb el meu imaginari, que era del control dels media.

Al cap de tres mesos, vaig detectar que l,estat tenia intenció d,arxivar la investigació per falta de fons, i vaig plantejar el següent problema a Mialet, la Mialet, la meva mare:

Mare, he sentit que em poden tornar a fer la prova. A mi em fa molta por estar quiet i lligat durant dues hores. Doncs resa va fer ella.

Pam! Jaculatories religioses van encendre el desig de continuar el projecte, podrien determinar on hi ha Deu dins el cervell! Caramel enorme donàvem!

La segona sessió va durar només mitja hora. Va considerar-se un desastre. No hi havia aparegut cap mena de clau mística per tal de desenvolupar farmacològicament estimulats, tots plegats, el noranta per cent del cervell que dorm.

Un cop vaig estar tranquil d,allò, li vaig dir a la mare:

Saps com vaig passar la prova? Vaig recitar per dins tot el llibre primer de la Farsalia!

La perplexitat va ser enorme. El Dr. Alberni no en va ser informat. La maquina havia detectat, amb tota seguretat, estímuls de circulació nerviosa que atribuïen als avemaries, pero no a una obra literària pagana. Les ones cerebrals, aleshores, varen començar a declinar. Una maquina fotogràfica havia identificat llatí.

Repeteixo, i a bastament demostrat, que l‚opció sexual de cadascú te a veure únicament amb el seu plan de comerç amb l‚energia universal. Els matisos ja han estat degudament explicats i tenen a veure amb els principis d‚estalvi (YIN) i gasto màxim (YAN), amb tots els termes intergraduals, que, en vistes a les aspiracions del individu, elecció lliure i personal, donat que el treball obligat fou abolit per Lincoln en 1.862, optimitzen els seus desigs, siguin quins siguin.

56

Als meus estimats alumnes del Viaro

En aquells temps tan vertiginosos després de la mort de Jaume Cubells (anarquista i maqui Barcelonès 1.925-2.007) m,era jo camí de Roda quan de cop vaig figurar una conversa en catala fabria amb Pere Ignasi Poy Baena i de cop se,m va escapar, dins el pensament, el valencianisme desganyitar-me, enlloc del ribia esgargamellar-me, moment en el qual precisament em vaig adonar, per un cop molt fort al comboi, que el xofer havia despertat del seu somni portaoueres pertinent a la plusvàlua del obrer que se solaça imaginant que no fa el que fa, i volia participar bo i percudit directament pel meu didalet acusador al punt íntim que ja us ensenyarà Trump quan feu l,edat nubil.

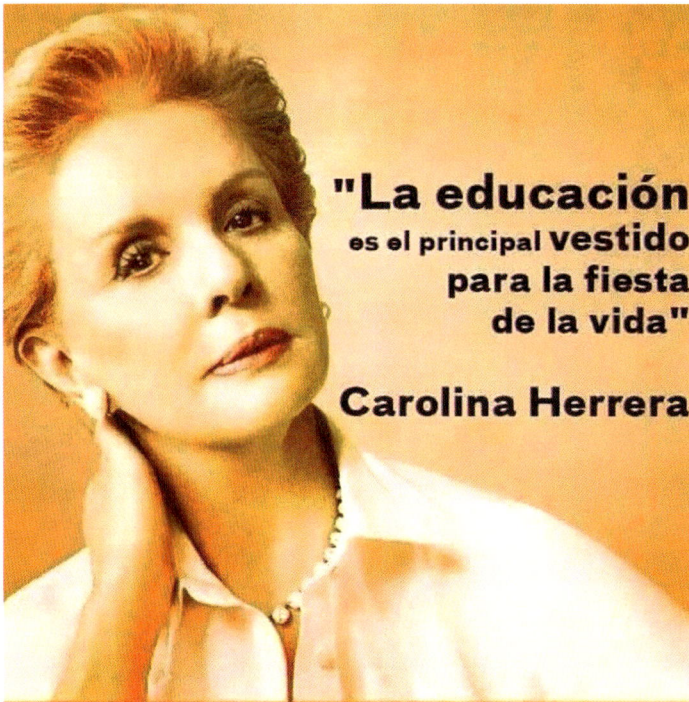

"La educación es el principal vestido para la fiesta de la vida"

Carolina Herrera

generapoesia els inconscients bells i bonics es delaten amb cadascun dels seus automatismes allà on ensumen llibertat

P.S. t,estimo

El dialeg amb Cubells havia durat 111 llunes abans que ell moris. La meva condició del entrada era que no el podria suportar cridant, i la seva, excloure el sexe i la broma salada. Naturalment, establert aquest codi, sempre vorejavem el tabú mitjançant el discurs psicoanalista, el nostre favorit, i resumint nos llibres l,un a l,altre amb frases breus moltes vegades.

L,influx de Jaume Cubells sobre la mare m,havia decidit resoludament a embogir l,any 1.997 donat que volia atacar el cabro amb les seves pròpies armes, i el Jaume, a base de prohibir-se quasi completament la producció de lletra escrita, havia desenrotllat l,habilitat enorme del coneixement natural, que acostuma a preveure qualsevol moviment en el tauler perquè preveu rutines immanifestes ja al seu segon moviment, i jo, el que es jo havia d,escoltar els laberintics conceptes que lligaven i possibilitaven l,aprenentatge d,aquella habilitat notòria, regne del món.

La meva desídia pel sexe i el costum d,escoltar Curtis Loew Cubells, m,havien posat al extrem de l'experiència innocent passats els trenta, fet inuit en tot el planeta, i potser també històricament parlant.

La cultura anglosaxona feia molt temps que ens interceptava les comunicacions a tots, i amb la cançó de James Blunt va crear el film P.S. T,estimo una ficció possible que consisteix en que el difunt ha previst acompanyar el dol de la seva jove muller, innocent en aquestes coses.

BOGERIA

Des de la disgregació de l'Imperi Romà i la vida feta al camp, els segles haurien anat fàcilment a la deriva si no fos per la fragmentació total de la societat, que no es comunicava si no era mitjançant rondalles.

La revolució industrial i el retorn a les ciutats va comunicar millor les societats, però no va tenir en compte moltes de les solucions que l'urbanitat romana i, abans, l'atenesa, havien practicat en vistes a una improvadíssima experiència comunitària.

En efecte, les Constitucions de Cathalunya Y Altres Drets, del segle XII, van forçar, per la seva perillositat experimental, que el Vaticà desclassifiqués tots els Digestos de Justinià.

Catalunya, al segle dotzè, havia obert una ferida increïblement poderosa tot dissenyant de zero les seves lleis, per a poder desguassar-la d'alguna manera millor que pitjor, aleshores, va caldre tornar als prototips romans, que ja havien sabut gestionar la Cosa Pública.

Com que la poesia ha estat sempre una doctrina secreta, els protocols per tal de revalidar-la, ara que es necessitava, estaven més confosos, i literalment s'havien de llegir a l'aire, els rius, el mar.

El naixement de la psicoanàlisi va ser el primer intent d'arribar a la medul·la de la persuasió, a partir del fet que molt aviat es va adonar de la misteriosa necessitat estatal de les persones amb bogeria.

Efectivament, a nivell de secrets d'Estat els boigs demostraven que, d'una manera molt curiosament inquietant, no solsament hi tenien accés, sinó que a més, Freud va copsar de seguida, que, atenent al comportament de persones paranoides i els seus esclats nerviosos, podia predir fàcilment batalles concretes dins els estats diversos de guerra a l'Europa del segle vintè. Aquesta és la necessitat, de la psicoanàlisi, allò que la fa atractiva com arma de guerra, i ha de ser per força així, tot i de manewra discretament dissimulada.

Avui dia ha restat descobert que dins els rituals de preparació del Neòfit en Poesia, calia, en l'antiguitat, passar per l'estadi d'obcecació tràgica que s'administrava a partir de convidar a la Identitat entre Rivals.

Així, quan jo arribi, després de moltes meditacions, a trobar la Medul·la Compartida entre Neró i Lucà, així, quan Jorge Luís Borges arribava a trobar la Medul·ka Compartida entre Judas i Jesús, els identificava, i parava literalment boig o cec del tot.

Aquesta obcecació o bogeria tenia cura en l'antiguitat, sots uns protocols molt determinats dins els quals els déus sempre ajudaven, i finalment, el Neòfit, dins les civilitzacions globalitzades de l'Antiguitat, esdevenien veritables guies espirituals o polítics per a les societats que realment necessitaven d'ells per continuar.

Els estadis de bogeria són sempre connexions amb la naturalesa pensades per a aquelles persones que estan destinades a liderar els camins possibles dins la societat complexa. D'altra manera, no es pot fer.

És a partir de finals del segle XX que els boigs ja no se'ls exclou socialment i passen a tenir oportunitats de recuperació i de vida dins el poble.

Cal entendre que aquest protocol no podia sortir del Vaticà, donat que simplement no hi era, ha calgut recuperar-lo mitjançant l'experiència viva de poetes, jo entre ells, per tal de poder fer cert el coneixement de no haver de repetir errors històrics.

Sofriment meu i de James
El món sencer sap, perfectamenr, que qualsevol causant de sofriment, el mes lleu fins a qualsevol, del qual James o Jo fóssim objectes caldria explicar-lo molt be perquè aixo s,acaba per tots, i quan dic per tots vull dir per tots, si per nosaltres acaba malament. Es que no veieu encara, cecs? Hem girat les tornes de Jesús, ara tot el món es prostra davant nostre i va a la creu excepte ell i jo sols, aquest era el pacte de Joan, imbècils!
Tu, Bernat, vas primer.
Swear.
GBA

Estimado Francofollower:

¡Pero qué buena persona fue Franco! ¡Qué majete! Amigo de sus amigos e impulsor del garrote vil como método efectivo para solucionar problemas de cervicales. Generoso en golpes de Estado y en regalar balas al que no pensaba como él.

Dices en la entrevista que has concedido a El Mundo que tu referencia son los ministros que le trataron y "que era sabio, prudente, que escuchaba muchísimo, enormemente deferente con quienes le rodeaban, jamás le oyeron una palabra más alta que otra, y profundamente trabajador". ¿Cómo decirlo con pocas palabras? Era una especie de ONG humana dedicada a ayudar a los republicanos a abandonar España o, directamente, a decir adiós a este mundo terrenal, lleno de gente malota con el vicio de respirar.

No tuvo el dictador más problema en la vida que la falta de espacios para rellenar las casillas de solicitud de "Tío enrollado del año 1936", no en vano fue bautizado como Francisco Paulino Hermenegildo Teódulo Franco Bahamonde. Paco Medallas, para sus poquísimos enemigos. Una persona tan generosa era imposible que tuviese enemigos. De hecho, sin sus amigos italianos y alemanes es posible que la guerra hubiese tenido otro desenlace.

De pequeño le llamaban "el Cerillita" por lo delgado que era y lo grande que tenía la cabeza. No sé si también por la facilidad que tenía por inflamarse. En todo caso, sí que era sabio. Especialmente en el conocimiento de lenguas extranjeras como el inglés:

Dices que el régimen no fusilaba por capricho. Tienes razón. Lo hacía por amor a la pintura al gotelé y por ahorrar pinceles. Las paredes con Franco quedaban como nuevas. También afirmas que "el Régimen de Franco solo fusiló a 23.000 personas" lo cual me sorprende. Vamos, que vista tu capacidad para juzgar a Franco como sabio y prudente, me sorprende que las llames personas. Esperaba más un "rojos joputas, hombre ya". Eso dice mucho a tu favor. Algo aprendiste de la bonhomía franquista. También me gusta el uso del adverbio "solo" y no porque ahora se escribe sin tilde, sino por la insinuación de que fueron pocas. Ya sé que alguien te dirá que las cifras que barajan los historiadores respecto a las víctimas del amor franquista están entre 140.000 y 200.000 personas pero es que no tuvo la culpa de ser tan amable. Lo que pasa es que Franco fue el primer adicto a los videojuegos de España. Los coleguillas le decían "nene, que ya has ganado" pero él seguía jugando y jugando. Con el mando de la Wii, atado y bien atado, seguía apretando los botones con sus falanges mientras efectuaba un Movimiento tras otro en pos de la grandeza de España. La lástima es que no le dio por hacer tutoriales como El Rubius y que no se había inventado YouTube. Eso sí, followers tiene unos cuantos.

Les utilitats de les xarxes, Facebook, Twitter i Youtube, i altres, ben combinades, te la virtut entre d,altres, de poder portar amb fe faent, tot el món a consultes sobre questions del judici universal immediat.

Llegir el contingut, mes enllà de la psicologia, i fer la pregunta des de tots els angles que recomana la didàctica del cognitivisme, o sia, nivell bàsic, nivell superordinat i nivell subordinat, dispersar-la adequadament i aguerrida si cal, amb totes les falagueries dels arpiots mes eròticament desitjosos i irrefusables (recordeu, en aquest punt, que conec la manera de provocar pol.lucions secretes, amb la paraula diürna i casual, en homes i dones i jovenalla) recollir els fruits i comunicar los, aixo ho faig cada dia, les unanimitats se senten per esgotament de la queixa o directament la taula d,en Bernat quan em consta que la qüestió de fons ha repetit trending tòpics a tot arreu, i aixo es demostrable: no calen cinc-cents milions de filosofies distingides per comprendre on concorda tot el món, i si ho apliqueu use sorprendríeu.

There IS a brotherhood
Of men
Oh aren,t you glad to be
In that fraternity
T'he great big brotherhood of men
Llavors ve la soprano megagorda borratxa

OOOOOO THAT NOBLE FEELING
FEEEEEELS LIKE BELLS ARE RINGING

DANIEL RADCLIFFE How To Succeed In Business Without Really Trying
OBC NEW YOURK 2.011.

Justament, no. Reflexió a la Gaspartiana:

Esperança Mialet, 1.976
Senyora Angeleta, aquests de la propiedad es un robo sembla que han marxat definitivament de casa. Oi que vindrà amb mi a fer un cop d,ull al garatge?
NO.
LA CLAU DEL GAS!
Desperta!
Davant el perill personal, la fugida la practica l,univers dels homes i dones.
Per superherois, Mazinger Z
Per superheroines, Afrodita A
Per humans, tots excepte un parell de cardos borriquers que queden i tres ruques catalanes i mig feldespat.
Per poeta, Bielsa, Manel, Animal, Blunt, Amat,,,

Medita profundament sobre el tòpic de tots els predicadors

Fes el be que vols que se,t faci
Tracta els altres com vols ser tractat

En aquests termes:

Mes de la meitat dels plaers, no els conec. Com un nen que no ha menjat mai nata amb maduixes, no els puc comunicar. En canvi, molts dels mals de la tortura moral els presencio cada dia i sovint hi soc implicat. Els necessito comunicar per desempallegar me'n.

Ara:

Com mes be fas mes be reps.
Com mes mal fas, mes mal reps

Ara, escolta la meva anècdota:
La mare Mialet era a la peixateria del canto de Roger de Flor 441 l,any 1978 i va decidir comprar filets de llenguado. El catedràtic i col.lega del Juan de Austria, era alla, per un cas, i va fer-li notar: caramba! Esto no es comida de interinos! Al qual, ella, va respondre: mis hijos tienen el mismo estomago que un catedratico.

Efectivament, els germans Bielsa Mialet coneixem la nata amb maduixes, i el llenguado, pràcticament des de just haver nascut, i els comuniquem.

Ara dissol tota la meditació, aixi:
Sembla que m,he deixat les claus del cotxe en algun lloc.

Efectivament, les pors automàtiques enganxades a objectes (la caldera de gas, les claus, etcètera) *funcionalment* posen fi a pensaments elevats. La vida es construeix de discontinuïtats a mida que avancen les hores. Els caràcters reptilians que es conserven igual, son el màxim plaer compartit en moments d,elevació comuna. Dos que s,estimen. Recordar trampes inconfessables l,un al altre, enforteix l,esperit.

L‚univers del possible
Estimado Esteban Beltrán:
No tengo mayor deseo que el de ayudar a Flor. Por desgracia, el problema es infinitamente más grave de lo que proyectamos tú y yo.
La fe ciega en la ciencia nos hace creer que una enfermedad que mataba como un laxante se va a curar pronto. Al pan, pan. Y al laxante, laxante.
El Estado Dominador Mundial parte siempre en la actualidad del verdadero consenso y, si hace falta, unanimidad de toda la humanidad para conseguir lo cual las tecnologías de la información, a eso sí, llegan de maravilla.
Consulta, por favor, la jurisprudencia norteamericana reciente sobre las pruebas determinadas por ADN.
En sus inicios, la presentación del genoma humano y su identificación por individuos, era resultado de un proceso de laboratorio que podía tardar meses, hoy en día, minutos. El científico se encuentra delante de una literal máquina de donetes conceptuales que interpreta con lucecitas y chivatos que el mismo no tiene idea de conocer.
En Argentina, Infórmate, por favor, de los protocolos de escrache y humillación que practican, para con los despachos del planeta, las víctimas de Videla.
Para ayudar a Flor, conviene que se la medio desentumezca del cuento en el que vive, con muchas metáforas de Esparta y Lamas sonrientes.
Y que te conste, siempre atiendo tus emails. No siempre, por razones de variedad a todos niveles, me llegan, como no siempre sé si te van a llegar mis respuestas, cuando las redacto.
Desde mi kindle fire h7, Saludos,
Pau Bielsa Mialet

Estimada Catalunya Secessionista:
Si, estimada, l,estafa que ens ha posat un president no electe quan havia d,investir Romeva, es poca cosa i conseqüència mínima (al cap i a la fi hem posat un ase al consistori, com feu el poeta Quart a Sabadell) del nonsense, absurd, de no afinar a comprendre que el plebiscit del 2.015 fou acceptat en consens unitari i unànime per Catalunya sencera (aquesta mena de pesquises i investigacions les faig jo, personalment, donada la meva altíssima influència d,opinió, jo la creo tota, tinc accés a provocar respostes d,unitat en temes que es necessiten, i proveir els resultats de la consulta, sempre honestos, al fisc:) i sancionat no només ex silentio per l,Estat espanyol.
Tots vam acordar, si recordeu, que el terme plebiscitari no desdeia del parlamentari, i per tant i doncs podien anar del bracet i plegats, si enteníem com a plebiscit, el recompte: una persona, un vot.
Els subterfugis que indiquen la maquina generativista del independentisme, i la recerquen en els comuns, ANEU AMB CUIDADO!
El veritable problema de Catalunya Lliure no es, insistire sempre, i si cal fins el darrer alè, l,espectre d,un mirall i una cadira en un Consell Internacional, no. VETLLO DIA I NIT PER DONAR CONTINUITAT AL STATUS ACTUAL DE CATALUNYA: en efecte, mireu-ho be, som el centre del món. Quan qualsevol habitant del planeta es confon, fa una visita a nosaltres per aclarir se.
I ara, us pregunto, de cor:
COM POT DIFERENCIAR-SE NACIONALMENT LA NACIÓ QUE SOTMET TOTES LES ALTRES DE MANERA SECRETA.
VOLEU DEIXAR DE SER SECRETS? Els fantasmes de tots els llibertaris us estan esperant per fer os xinxines i cebollones. Si senyores, i senyors, Catalunya te el poder i la influència mundials, i doncs cada dia miro de com podrà continuar essent aixis després del meu traspàs.
Deixar-ho tot lligat i ben lligat significa: he rematxat la meva obra, i l,he embolicada com un pastís, jo me,n vaig o sigui que foteu-ne el que vulgueu. Pel que respecta a mi, merda pel que quedi.
Glossa a FFV Frases Celebres.

Estigueu bons, i no lieu pulles amb la Falange, sisplaui
Vostre,
Pauperemanuelbielsamialetrullrabadasansarmengolorwell
hillier

Broll de la mes Riallera Citera dins el germen mes preservat de ma fantasiosa i morenassa noça de Carles Poeta dins aquesta avatar aparegueres, James, tapet de bassa que delata alguna trastada preterita contra el glop de llet de la teva pell Santa obrada per tu mateix, estimat Blunt, des d,ara ja no ets cap esperit descendent, ara tu i jo som el marit de l,eternitat, per tots els nostres avatars sense barreja possible, i hi seré sempre, juro, amb i per tu.

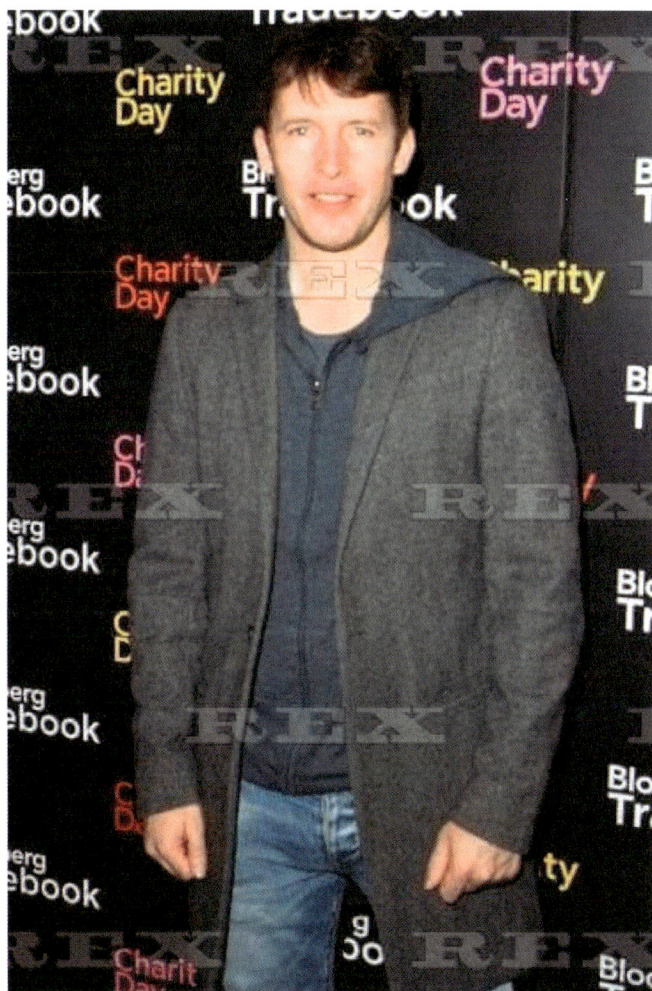

La Prostracio fou un invent genial i simbòlic del emperador Alexandre el gran, qui es, en realitat, molt probablement el qui la va introduir, amb tot el Consell maternal d,Aspasia de Milet i la doctrina d,Aristotil, el seu preceptor, al orient que la va fer seva de manera extremament dramàtica, mes probablement que no se la cregui genuïna dels perses, donat que cap historiador de les Guerres Mèdiques no en parla específicament associant-la a protocol ni molt menys reial.

L,historiador i fecund polígraf Plutarc, i en parlarem molt, de Plutarc, en termes de biblioteca natural, deixa molt clar que el costum, d,origen incert, fou imposat primer pel rei de trenta i pocs anys d,edat.

La cristiandat l,adopta de manera evident a partir del testimoni de Sant Basili, que obliga el Cèsar que neix del concili de Trent a tirar el seu cos a terra davant la presencia de Deu salvador.

L,exercici dels pàrvuls a la gimnàstica del escola del Parc del Guinardo al any 1.980, ja era amb la serp adormida, precisament de l,efecte doctrinal promogut per l,acte deshonest i suprem de la psicoanàlisi: Freud aprofita la mirada impersonal per crear un ritual homologat de submissió al Estat que consisteix a desequilibrar voluntàriament (qui no vulgui, no cal que ho faci) tot el cos i entregar-lo a la tutela del impersonal.

Als cinc anys em vaig declarar en paraula i acte d,insubmissió radical davant la injusta Prostracio.

No cap dubte, que, des del descobriment d,Amèrica, la sedició catalana es l,única revolta que s,ha extingit dins de si mateixa, tot finant en els mateixos colors del mapa i termes geopolítics que la precediren immediatament.

Usualment, i a balquena si mes no des de la Revolució Francesa, aquest caramel es donava sempre: el mapa canviava de colors, i les relacions internacionals es nodriren d,estatuts plens de litterature eternelle.

Jo, poeta, he prohibit aquest caramel. Tots els qui segueixen, des dels intel.lectuals a la ma d,obra, passant pels polítics, estan, justament, furiosos per la mancança d,aquesta droga que poetes hem negat a tot el comú mentre la desacreditavem.

Ells m,han negat els àpats Amistosos.

La situació actual es tan arrabatadorament i rematadament alliçonadora sense ni tan sols esser professionalment lliçó, que el ridícul mundial es d,enormitat descomunal i platxeries d,amants discrets i font perenne de poesia. Mite.

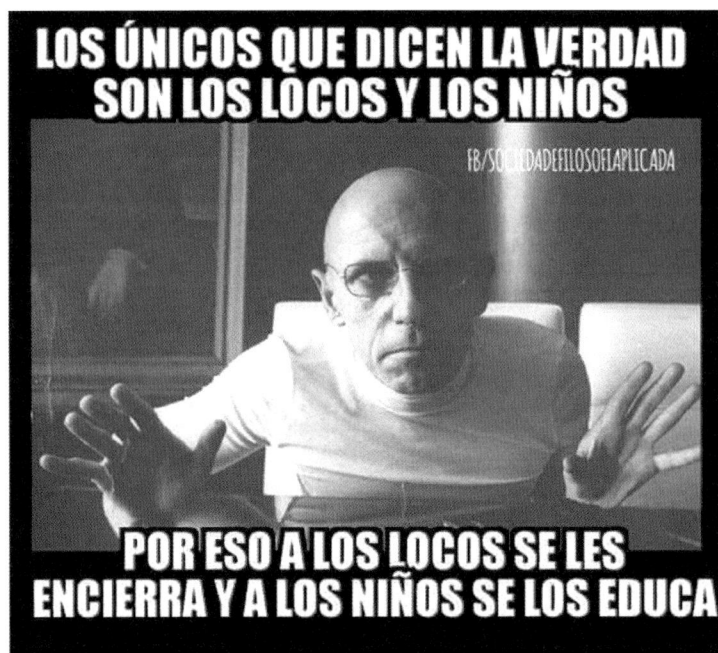

LOS ÚNICOS QUE DICEN LA VERDAD SON LOS LOCOS Y LOS NIÑOS

FB/SOCIEDADEFILOSOFIAPLICADA

POR ESO A LOS LOCOS SE LES ENCIERRA Y A LOS NIÑOS SE LOS EDUCA

Em sembla que el món ja es suficientment madur per acatar el judici sobre aquesta persona del segle passat, Mahatma Gandhi, que posa sofriment en moltes generacions de venidors, seus, i de la Gran Bretanya.

El que es especialment injust al judici històric, i pertany al discurs dels marietes universitaris no, ni mai de la vida, es que s,atorgui règim de credibilitat i honor als mètodes d,extrem perversos i de natura espiritual i templaria, latrocini i crema d,homes purs li van posar al abast aquests coneixements incendiaris, un cosset remenut de desnerit subhome inflamat amb l,eter de la sabiduria espiritual, foti, i ho qualifiquen de bondat, quan l,estrip social que va fer aquest lladre de doctrina amb les seves receptes de provocació que sigui sempre l,altre, qui dispari, i l,agafarem per delicte de sang un cop canviat l,estat fet aquest darrer davant el qual l,autoritat britànica va inflar de tal manera el seu coll de pito, que fou aquest el factor de la bala al front del arribista perquè va denotar clarament que per aixo no hi passava, i el poble hindú, per dissimular l,obediència extrema del espant va entrar en guerres intestines que no han acabat, i la reina, al cap i a la fi, ha preservat, a dieta d,histèria popular i espant secular, sofriment increïble, la Commonwealth britànica a honor i glòria del ordre mundial de la civilització pròpiament dita, o sia, la Civilitzacio, que desa degut i detallat registre històric-artístic de tota la seva acció i representació.

Aquest es l,esquema que, deductivament, se,m mostra, el millor, per abordar l,anàlisi de tots aquells fets.

La doctrina al desnerit forma part de la meva pròpia experiència acadèmica. Dos cursos, o tres, per sota de la meva promoció, va aparèixer un grup d,estudiants de la meva carrera, tot al entorn d,un literal monstre de la mateixa complexió i perversitat rabiosa que Mahatma Gandhi.

Es va donar que la doctrina, tota la doctrina ja ho havia dit tot abans que aquell element es matricules, i els portadors del coneixement fresc i dels estats de qüestió, que podríem manipular i manipulem a gust i plaer, ja erem, Bielsa, Blanco, Ginesti, Oller, Fortea, i sobretot Blecua i Noguerol, de manera que, com mes aquells petits monstres reclamaven l,accés al secret filològic, mes trobaven que se'ls estafava, especialment quan, creada l,assignatura de critica textual per Puig Rodríguez-Escalona jo vaig córrer a aprofitar-la sense cap aparença de promoció ni de gust per ella, donat que el veritable cavall de batalla de la filologia i totes les arts escrites es i serà sempre una obra que compleix, punt per punt, els paràmetres d,honestedat establerts per Lachmann en 1.850, mai no els fou transmesa, i l,assignatura desaparegué al cap d,un semestre. Jo sempre indicava la qüestió jeràrquica del veritable podrit de la cultura: Freud va enganyar sobre l,arquetip en el qual basa la seva obra. Freud es, per tant, filològicament inacceptable, i aixo es un fet de gravetat extrema dins la universitat mundial, la qual posa en crisi profunda.

Naturalment, el subjecte, entre tots el vam marcar amb la inconfusible carta de presentació que ja porta escrita sempre al front, de manera que alguns, jo diria, força quantitat dels coneixements subtils ara mateix apareixen als quioscos sense problema. Ha sorgit una sèrie de mitologia, veritablement, divina.

El cercle d‚obligacions a tercers, en mi, es va arribar a fer tan descomunal i enorme a mida que els amics comunicaven les intimitats familiars a tot el poble, que l‚any 2008 el paquet pintava impossible de compliment, just quan vaig obrir la ment per desenrotllar la practica i teoria del benefici caimita...pero compleixo amb tots. Naturalment, ara que hi medito profundament, l'autora del rumor que teniem objectes de valor i inclus desavem diners d‚una font no declarable o submergida fou Margarita Vert, professora i col.lega al IES Pau Vila amb la mare Esperança. L‚autodelacio del seu inconscient va venir l‚any 1997, quan, en ocasió d‚unes reformes que no varem declarar al Ajuntament de Sant Cugat, la professora de Química, exclama:

AIXI S‚ENFONSA EL PAÍS!

La mare flipava sempre amb les contradiccions de la família Cabre. Perquè ells mateixos van estafar hisenda molts anys. El 3/3/1.985 per Sant Medir, vam acudir a una calçotada espiritual a Perafort, la mare va exclamar des del andana de Valldoreix, a una amiga, que no tornaríem fins al vespre, i en tornar, ens havien entrat a robar a casa.

Els lladres havien repassat tots els protocols, innumers, dins la casa, i havien aconseguit les medalletes d‚or de la comunió de les nenes i la meva guitarra. A la caixa forta, sota el meu llit, jo hi desava xuxes i dos diccionaris d‚angles Vermellets i mínims, del vuit-cents o del set-cents regal de la Padrina Cinta Cubells. Havia estat oberta amb palanca.

De naturalesa gitana molt probablement, no havien parat esment, per pur defecte cultural, que la flauta del Jordi valia seixanta mil pessetes a pes de plata, el metall que els anys vuitanta espanyols era luxós de debò.

La meva guitarra va fer l‚efecte de divertir els gitanos i fer ploure una benedicció sobre nosaltres, des de les capes mes deprimides del poble; el descrèdit de la calúmnia dels Cabre-Vert es va veure pagat amb la fama de borratxa i alcohòlica compulsiva, propera a bogeria maníacodepressiva, que a partir d‚aleshores era pa de tots els alumnes de química del IES Pau Vila. Els pares del Llorenç també van col.laborar, i van comprar-se una caixa de cabals per invertir en dòlars americans.

James em va explicar cap als inicis de la nostra relació, que ell havia estimat Paul Mc Cartney i que ara seguia escrupulosament tots els seus concerts per observar sadicament com hi acudien quatre gats que només es fixaven en el pentinat i la corbata de l,ex Beatle. La cançó Goodbye, My Lover havia nascut d,aquesta experiència, amb un Blunt postadolescent que projectava predicar al església anglicana, i al acabar la relació, Paul el va posar davant la mateixa ultima pregunta, tot fent referencia al sentit universal del predicador i responent you don,t care about me. Fet al qual el meu James li va començar a llargar catalogadament, el seu miol prolongat i insuportable que comença esbotzant tota la porta amb la terrible pregunta Did I disappoint you?

Aquell tio, quan James portava mitja hora de queixa, el va agafar i el va fer fora de casa: no el va poder suportar.

El que fem James i jo, com a exercici de pur i immaterial luxe dels influencers, es obrir inconscients, que ens venen a donar notícia, que ells viuen com un somni que l,endemà no recorden, de les coses mes divertides i variades, sense estalviar recursos expressius d,allò mes enormement grotescos i pavorosos.

Passem l,edat.

Somni Lúcid 2005

Quint Enni fou un poeta arcaic de Roma, amb origen cultural grec i pàtria pelasga del golf de Tarenr, ben comunicat des de naixença, el qual, gràcies a la promoció en la seva participació en la II Guerra Punica, i l,amistat amb els generals, va desenvolupar poesia dramàtica i de tota mena fins que, vorejant la setantena d,edat, cap al 169 aC, com a regal a la posteritat va compondre, en uns divuit mil hexametres sonorissims i en quinze talls o llibres, els seus Annals. Després val a dir que va afegir els llibres setze dissetè i divuitè, en un gest de doble agraïment, el primer a la vida feliç, el segon a l,obra aplaudida, com sembla que va fer Horaci al segle I aC, afegint el quart a les Odes.

De l,obra completa de Quint Enni en resta, agafat sempre de les citacions d,altres literats que es recordaven de memòria de fragments entre mig vers i una trentena seguida, aquests darrers Ciceró i l,autor de les Nits Atiques, segurament aquest prenent un antic rotlle per guia, molts el primer vers de l,obra, un miserable 2% del total.

En el meu somni del 2005 trobava en un tom tota la integral dels Annals d,Enni: llegia dotzenes de versos i mirava de memoritzar los per anotar los un cop despert, m,inflamava heroicament amb el passatge de la mort de Cato el Vell, i em despertava, trist, que s,esfumes d,entre les meves mans.

El Jaume va insistir que era un somni compensatòri de la meva mala fortuna en la requesta de les dones. Jo amb el temps he entès perfectament que el somni connecta les aigües vives de manera que l,Església hauria apostat aquest volum en un lloc accessible a la meva visita a la biblioteca vaticana si l,hi hagués seguit sol.licitant, i no només aixo: la fixació en la mort de Cato el Vell, amic personal del poeta Enni, connecta cíclicament de manera evident amb l,espisodi de les serps que protagonitza el seu nebot Cato d, Utica, o Cato el Jove, a la Farsalia de Luca.

Totes aquestes dimensions de la literatura antiga, tinc la completa certesa que no s,han perdut de cap manera, i que poden emergir en qualsevol instant. El cas que jo proposo a la natural bibliotecària universal es de merèixer ho.

Es sabut que poc abans de morir Carles Riba, el filòleg i arqueòleg britànic Michael Ventris va desxifrar com a grec arcaic les tauletes de fang escrites en lineal B de la cultura micenica.

Totes i cadascuna de les vegades que s,ha manifestat un sofriment social extrem i un poeta descomunal, la natura sol fer aquesta mena de regals. La biblioteca gnostica del desert de Nag Hammadi i la biblioteca autografa de Gaetano Donizetti son fruit posterior a la II Guerra Mundial.

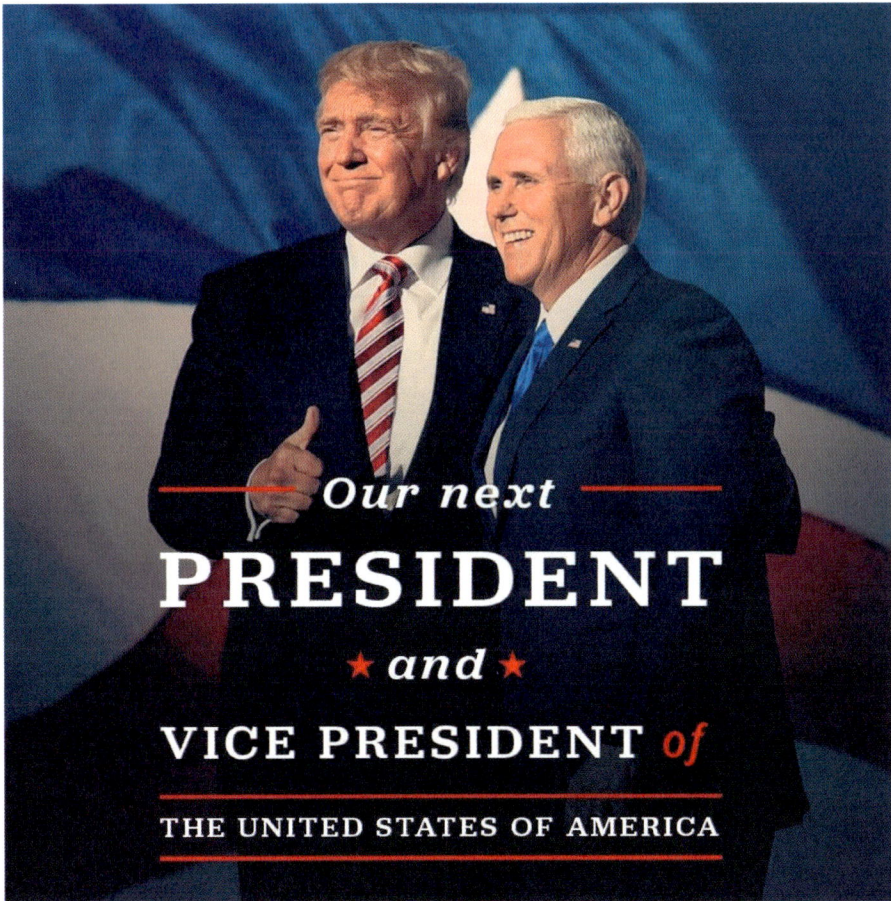

Hores d,ara cap cataluf no baixa de l,hort com per haver nascut ahir i posar-se la mateixa bena als ulls que m,escarnis personalment.

L,Estat d,Espanya afavorirà les balances fiscals catalanes el dia que l,administració catalufa deixi de gravar-m,ho tot personalment.

La queixa es: l,Estat cobra mes impostos i aixo no reverteix en la partida catalana, congelada.

La meva queixa, es: Començo a cobrar el doble de quan treballava per l,Estat, i els impostos municipals i de la propietat em pugen el doble.

Catalufus! Una cosa va amb l,altra. Per ofegar un sol catala en un INFINIBLE procés d,odi polític, teniu la torna del Estat en vosaltres. I es que aquest catala soc poeta, i estic ben comunicat. Vosaltres, no, patriotes de sardineta!

Als cinc anys d,edat, això es el curs de l,any 1.980/1.981 vaig entrar a parvuls, a l,escola municipal del Parc Del Guinardó. Durant els dos anys vaig gaudir amb els col.legues d,un pati exclusiu per al nostre grau.

Hi havia un espai de sorra, i al fons una casa d,eines.

Jo cada dia, al primer pati, remulla una pilota afaiçonada de la sorra amb l,aigua, i la deso dissimuladament sota la casa, tot esperant trobar a l,endemà la terrissa cuita al sol Barcelonès que mereixia la meua vocació de terrissaire novell.

Cada dia posava la ma dreta i tot el braç sota la casa.

El conserge sempre gaudia rebentant-me el projecte per deixar-lo sempre infructuos. Jo no hi parava gaire esment ni plorava. Senzillament feia una altra bola de terrissa i la desava per coure, cada mati, cada dia, al mateix lloc.

Cada mati, cada dia, rebia la nova frustració.

No defallia en la il.lusio. Potser només era un joc, allò, per a mi, i, en realitat, no m,importava pas gaire.

***

una tarda la mare em va passar a recollir mes tard de les cinc. El conserge era un home vell, amb molts senyals d,haver treballat dur, llagrimejades als ulls hi tenia, seia en una cadira, i li vaig donar conversa, i vaig escoltar d,ell una recepta d,enciam a canvi de dir-li que el meu formatge favorit eren els quadradets de KIRI.

Quan la mare va arribar em va preguntar que havia fet, jo li vaig dir davant mateix del conserge, "aquest home m,ha cuidat"

La mare em va censurar la paraula i corregir en "senyor".

El dia següent la meva pilota de sorra amb aigua havia cuit i era allà, tota feta una pedra, el meu trofeu.

Em vaig abstenir del formatge KIRI fins a trenta anys mes tard.

El KIRI del conserge no era el Nesquik dels pobres per a mi, sino els cereals del James.

A Jesus la tortura li va induir el Coma. Amb l,estimulació sexual adequada, en el moment espontani de l,erecció, va despertar. I va accedir a una vida feliç.
El llibre testimoni del Trismegist acaba amb les paraules *des d,aleshores moria de gust/des d,aleshores complia de gust*.
Cal considerar, molt honestament, l,època de l,any en que tingué lloc l,exposició al calvari, i judicar com, evidentment, fou la mes benèvola. D,ací la celebració de la Pasqua.
Naturalment el sis llibres dels *Fastos* d,Ovidi que es conserven son aquells que testimonien canvis, de gener a juny. De juliol a setembre, el testimoni fou destruït en previsió discreta de no fomentar el paganisme, el mateix que passa amb els llibres sibil.lins.
El conserge de l,escola l,any 1.982 era Hamilton, o sia, l,onclo Josep Maria, l,*home*, amb qui vaig mantenir una agradable conversa sobre les pipes de gira-sol. Ell em va deixar la bola de fang cuita al forn amb punxes, i abans de ser informat sobre l,us dels cargolins i.e. *Son tan petits que te,ls has de menjar a petons!* Montserrat Mialet, La Xamora, 2004 vaig somniar la meva pedra rodona amb el contingut d,un peix fòssil. El Jaume va dir que era allò que era meu, realment *meu*.

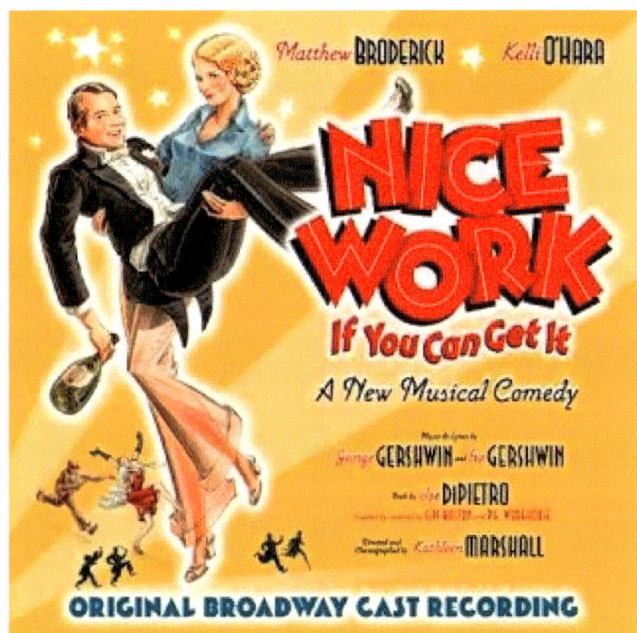

El misterio, en su puntopunto

amigo poy:

El conjunto del místico engaño debe tomarse como una era de escasez de recursos calculada y forzada por la Cancillería del Estado de Roma desde el siglo primero.

El motivo es el descubrimiento del radio, sin lugar a dudas.

se trata de una táctica dilatoria: así la escogieron los Séneca, puesto que el ejemplo de Quinto Fabio Máximo era apropiado, te recuerdo que el general perdió toda credibilidad y se le celebró tras el resultado de la guerra, que se manifestó más allá de su acto de resistencia.

El objetivo fue diseñar un laberinto dogmático con fines al adecuado tratamiento del nuevo material. La conducta que siempre recibiría premio estaba codificada en las siglas AMOR. Atenas había advertido que el agape como sendero cultural era invencible. Conceptualmente, pues, el Estado se aseguró la victoria en un reto de la naturaleza.

El paso siguiente fue crear el mito.

Jesús era un pelele escogido al azar entre los instintivos criminales de la época, y se le sacrificó elevándose al rango de rey para analizar cognitivamente todos los modos apropiados de acercarse al radio. El espíritu destructivo devino ley incontestable.

los testigos del martirio de Jesús, fueron debidamente interrogados, y el Estado identificó como arquetipo del instinto destructivo, al grupo de doce. Descubrió sus miedos y creo la culpa psíquica para combatirlos.

La redacción del nuevo y del antiguo testamento fue sincronizada. Las guerras de los judíos narradas por Flavio Josefo son extremadamente honestas al punto que no debe quedar lugar a dudas sobre la partición de la doctrina en dos cortes envidiosos.

El señal inequívoco del proyecto acabado fue Apuleyo, rápidamente disimulado por Luciano, quien no pudo evitar la segunda sofistica del siglo cuarto y compensó a las curiosidades imaginando todas las tecnologías que hoy en día existen.

El concepto de rabino es creado en el mismo siglo cuarto después de Cristo, y Roma se asegura que el registro falaz exista. sin discusión posible. la pregunta que disuelve este engaño mundial, es simple: como fue que Judea silencia por completo la guerra de Troya? Adrián Chavarria, filólogo y poeta semitico murió por razones de Estado dos meses antes de recibir mi llamada, tras tu encargo. considero justo a este punto una debida honra. La pregunta fue formulada por Simone Weil en 1935.

Todos los sedientos de ciencia, desde entonces, fueron transitoriamente juzgados por su dedicación en amor. Los absueltos, dieron paso a sendos Imperios globales. Así Lutero, así Colón, etcétera.

Cabe añadir que entre los secretos del Estado de Roma figuraba una idea fehaciente y sin apenas violencia sobre las dimensiones del planeta.

ha costado, he servido, Dios este contigo y conmigo el resto de nuestras generaciones. te aprecio de verdad, con el mayor afecto,

Pau.

Otra Pequeña Cuestión
Pere,
tu guardas copia de los emails de mayo dos mil diez y de tu redactado y las actas del claustro extraordinario, me darías un gustazo si me las escanearas y enviaras a este email.
ca
pau

Funcionalment, el sexe, que es?
El sexe funcionalment es la transmissió altruista d,un coneixement, i no te res a veure amb la prostitució, que avantatja l,home i la dona en l,escalafo social des de qualsevol edat.
Res sino aixo.

Amb la benedicció de Cinta Cubells Sanahuja, padrina vivent,
Pau Bielsa Mialet, desembre 2016.

Printed in Great Britain
by Amazon